YALLAH

DEUTSCHLAND, WIR MÜSSEN REDEN!

SOUAD LAMROUBAL

YALLAH DEUTSCHLAND, WIR MÜSSEN REDEN!

Aus dem Leben einer deutsch-marokkanischen Beamtin

DIETZ

Bibliografische Information der Deutschen Nationalbibliothek
Die Deutsche Nationalbibliothek verzeichnet diese Publikation in der Deutschen Nationalbibliografie; detaillierte bibliografische Daten sind im Internet über **http://dnb.dnb.de** abrufbar.

ISBN 978-3-8012-0636-9
Auch als eBook erhältlich: ISBN 978-3-8012-7046-9

Umschlag: Petra Bähner, Köln
Umschlagfoto: © Uwe Schmitz
Satz: Rohtext, Bonn
Druck und Verarbeitung: CPI books, Leck

Die, mit denen ich offen über die Situation, die Dich maßgeblich spaltet, sprechen möchte und an die ich so viele Fragen habe, auf die ich keine Antworten weiß, diese Personen sprechen leider nicht mit mir, und diejenigen, die mit mir sprechen, bringen in den meisten Fällen bereits ein gesundes Maß an Offenheit, Toleranz und Selbstreflexion mit. Vielleicht sprechen manche nicht mit mir, weil sie die direkte Konfrontation fürchten. Vielleicht, weil sie Angst haben. Angst vor dem Fremden, Angst vor mir also, Angst davor, dass die Gespräche mit mir etwas auslösen und der Beginn eines Prozesses sein könnten. »Prozess« ist ja eigentlich ein Wort, das Du liiiiebst, Deutschland. Ich meine aber einen Prozess, an dessen Ende eventuell eine Veränderung stehen könnte, eine, die die große Angst vor der Aufgabe eigener Privilegien zur Folge haben könnte. Eine Veränderung, gegen die mit viel Kraft gearbeitet wird und die wahrscheinlich einfach nicht gewünscht ist. Eine Veränderung, die Deine Normalität verändern könnte. Einfacher für Dich wäre natürlich die Dämonisierung des vermeintlich Fremden! Mach mich somit gerne zu dem Fremden und degradiere mich, gemessen daran, ob ich etwas leisten oder auch nicht leisten kann, und lass DAS unsere Normalität werden. Lass mich zu Dir gehören, wenn ich Leistung und Erfolge bringe, und grenz mich wieder aus, wenn ich anders zu sein scheine. Lass mich zu Dir gehören, wenn ich keinen Widerspruch leiste und ausreichend dankbar bin, wenn ich kaum fordere, wenn ich Dir in regelmäßigen Abständen grenzlose Dankbarkeit entgegenbringe, vor allem dafür, dass ich hier bei Dir sein darf. Lass mich zu Dir gehören, wenn ich Deiner Vorstellung von »deutsch sein« entspreche, und grenze mich wieder aus, wenn ich während der Weltmeisterschaft nicht für Dich jubele oder nicht Deine Nationalhymne mitträllere (wenn ich doch nur den Text wüsste). Lass mich zu Dir gehören, wenn ich meine kulturelle Identität vollständig ablege und Assimilation mein größtes Ziel ist. Lass mich zu Dir gehören, wenn ich Dir nicht auf der Tasche liege, aber auch nicht zu erfolgreich bin. Wir wollen doch die Machtverhältnisse nicht neu ordnen. Also, Füße stillhalten, bitte!

Hm, es scheint, als wäre Schweigen zwischen uns das geeignete Mittel der Kommunikation. Schweigen als wechselseitiger »Prozess« natürlich. Klingt das nicht hervorragend? Wie bei der Integration! Yes!!! Also, mein Part ist es, nicht zu viel von Dir zu fordern und darüber Schweigen zu »äußern«, und Du, Deutschland, schweigst, indem Du so tust, als gäbe es kein Problem mit dem »Fremden«. Alles soll doch bleiben, wie es ist!? Bitte keine Konfrontation mit der migrationsgesellschaftlichen Realität!

Puh, Schweigen war nur noch nie so wirklich meine Stärke, obwohl mich genau dies wahrscheinlich vor einigen brenzligen Situationen hätte schützen können, vor Gewalterfahrungen, vor Benachteiligung, Ausgrenzungen und auch arbeitsrechtlichen Nachteilen. Ich könnte es so viel einfacher haben, indem ich beispielsweise eingestehen würde: Weil es mit unserem wechselseitigen »Prozess« so gut läuft, könnte ich ja sagen, dass ich deutsch bin, ja, so wie die richtigen, echten Bio-Deutschen. Ein gleichwertiger Teil der Gesellschaft, mit allen Rechten und Pflichten, wirklich ALLEN! Von Alltagsrassismus, Racial Profiling und Diskriminierung habe ich nie etwas gehört, geschweige denn sowas erlebt, und es nervt mich sowieso extrem, wenn ständig die Rassismuskeule rausgeholt wird, so ein Schwachsinn, dieses Rassismusmärchen! Menschen, die von Alltagsrassismus sprechen, sind einfach viel zu empfindlich! Sie suchen nur einen Grund, um ihr Scheitern und ihre Misserfolge zu legitimieren, und da eignet sich Rassismus als Grund hervorragend!!

Wahrscheinlich wollen sie auch einfach nur Aufmerksamkeit! Rassismus und Diskriminierung sind ein Ding aus der Vergangenheit, das ist läääääääängst vorbei. Nicht wahr? »Wir« sind Einwanderungsland! Integration funktioniert doch besser denn je! Wirklich!!!!! Egal welche Herkunft, Hautfarbe oder sonstigen Unterschiede: Es wirkt nur so, als gäbe es ein Problem mit der Integration, aber das täuscht. Glaub mir!! Es ist nur lauter geworden, weil so ein paar Schwarze Menschen, ein paar People of Color und Menschen mit Migrationshintergrund plötzlich höhere Ansprüche stellen, sich nicht mehr mit Hilfsjobs zufriedengeben und jetzt auch noch Deutsch sprechen. Sprechen ist nun mal lauter als Schweigen: »Neuzugewanderte«, »Zugewanderte«, »Geflüchtete«, »Flüchtlinge«, »Asylbewerber«, »Asylanten«, »Geflohene«, »Migranten«, »Immigranten«, »Aussiedler«, »Ausländer«, »Einwanderer« usw. Du bist sooooo kreativ, Deutschland! Ich meine sie wirklich ALLE!! Das Problem ist halt nur, dass die Frau mit Kopftuch plötzlich Lehrerin werden will und nicht mehr Toilettentieftaucherin. Solche Ansprüche lösen schon mal Konflikte aus. Hallo? Das ist ein hoher Anspruch, über den wir sprechen müssen! DIESE MENSCHEN BEGINNEN ZU SPRECHEN, UND DAS IST EIN SEHR GUTES ZEICHEN! Integration funktioniert!!! Plötzlich sprechen sie nämlich Deutsch, können sich artikulieren. Sie möchten mitentscheiden, ach was, das tun sie oft schon. Es spielt doch längst keine große Rolle mehr, ob man nun aussieht wie »biodeutsch-Erste-Ernte« oder nicht, ob man eine Migrationsgeschichte hat oder nicht. Alles ist wirklich ziemlich cool, und Du, Deutschland, Du tust einfach so, als würdest Du es glauben, also wechselseitig, Du verstehst? Wahrscheinlich würde Dir das sogar gelingen, richtig?

Es würde nicht funktionieren. Ich weiß das, denn da gibt es doch diesen Dialog, der schon sehr lange Zeit fester Bestandteil meines Lebens ist. Mal lache ich darüber, mal kriege ich die Krise. (In den allermeisten Fällen kriege ich natürlich die Krise.) Ich sage doch, dass ich ein Schweigedefizit habe... Komm schon, das kennst Du sicher, also nicht das Schweigedefizit, das habe ich frei erfunden. Ich meine diesen Dialog, diesen hier:

»Wo kommen Sie denn her?«

»Ich komme aus Düsseldorf.«

»Nein, ich meine ursprünglich!«

»Ach, das meinen Sie: aus Dormagen.«

»Aha, interessant. Und wo sind Sie geboren?«

»In Deutschland.«

»Nein, jetzt mal ehrlich!«

»Okay: aus dem tiefsten Busch überhaupt. Kein Wasser, kein Essen, kein Strom, keine Frauenrechte und endlich Aufenthaltserlaubnis.«

Sou!!!!!!!!! SCHWEIGEN!!!!!!!!!!!

Diese Art von Dialog ist für mich und viele andere Menschen Alltag, und er ist verdammt noch mal ermüdend. Der Lernprozess ist so zäh, und Dein chronischer Überraschungszustand im Umgang mit Migration und vermeintlicher Andersartigkeit schon peinlich. Manchmal denke ich, dass es besser wäre, wenn Du mir glaubst, dass ich Deutsche bin, oder einfach nicht mehr danach fragst, denn eigentlich könnte ich auf Deine Frage nach meiner Herkunft ganz anders antworten. Aber wäre das tatsächlich besser für Dich? Ich glaube nicht, und da ich nie den Weg des geringsten Widerstandes wähle... Wieso eigentlich nicht? Ich sage Dir gerne, wo ich herkomme, und vor allem, wo ich hinwill, und Du sagst mir dann, wo ich hin soll. Abgemacht?

»Da, wo Du hergekommen bist!!!« lasse ich aber nicht als Antwort gelten! Die unzähligen Situationen, in denen mir bereits als kleines Kind befohlen wurde, dahin zu gehen, wo ich herkomme (in der Regel folgte die Ergänzung: Du »Mohrenkopf« oder »Kameltreiberin«), versetzten mich in größte Angst und Irritation. Ich habe dann tatsächlich immer wieder und wieder überlegt, wo ich eigentlich herkam. Wo war ich eben? Zu Hause? Auf dem Spielplatz? Ich wusste es nicht mehr, und deshalb bin ich einfach geblieben. Welch ein schlechtes Benehmen für einen Gast, richtig? Macht es sich einfach gemütlich, und nun behauptet er auch noch, es wäre sein Zuhause? Tja, liebes Deutschland, wenn ich schon Deinen Kuchen mitbacke, will ich gefälligst auch ein Stück, und mit einem Krümel gebe ich mich längst nicht zufrieden.

So, jetzt aber: Yallah, Deutschland, ich verrate Dir, woher ich komme!!

Moment bitte, ich darf mich noch kurz vorstellen:

Mein Name ist Souad Lamroubal, und ich bin das, was Du ein »klassisches Gastarbeiterkind« nennst. Mein Name macht Dir immer wieder Probleme, daher dulde ich auch: Savad, Soiad, Saud, Sound und Zohra. Boris Palmer nannte mich ein gutes Beispiel für gelungene Integration. Was für ein Kompliment, oder? Und das von Boris Palmer, also bitte Reeeeespekt!!!! Ich komme aus einer Großfamilie, eigentlich ist es eine Meeeeeeeegafamilie, denn mein Opa hatte insgesamt sieben Frauen und circa 42 Kinder. Krasser Scheiß, oder? Ich verspreche Dir, es wird noch krasser. Ich bin Kommunalbeamtin, und das schon seit 16 Jahren (das meinte ich natürlich nicht mit »krasser«) und momentan als »Ausländerin« bei der (R)Ausländerbehörde tätig. Was ist nur aus Dir geworden, Deutschland? Oder, was ist nur aus mir geworden? Wenn ich nicht auf Deiner Seite stehe (na ja, als Beamtin sitze ich eigentlich größtenteils), bin ich als Dozentin für Rassismuskritik und interkulturelle Handlungskompetenz unterwegs und als Vorsitzende eines Vereins für Migration, Integration und Bildung. Wie ich dazu kam, Beamtin zu werden? Ich war jung und brauchte das Geld. Habe bitte noch ein wenig Geduld, die Antwort darauf folgt in Kürze. Lass es uns etwas strukturieren, Deutschland. Schön chronologisch!! Ich weiß, Du liiiiiiebst Struktur und Ordnung. Fangen wir also vorne an. Herzlich willkommen und Ahlan wa sahlan in meiner Welt.

»Guten Tag, mein Name ist Frau Lamroubal. Ich möchte bitte eine Termin.«

»Für Ihren Sohn, für Ihre Tochter oder für Sie?«

»Für Sie! Nein, nein, ich meine für ich!«

Ich konnte mich vor Lachen kaum halten, und im ersten Moment musste auch meine Mutter darüber schmunzeln.

Natürlich imitierte ich sie immer und immer und immer wieder, ohne Pause, und konnte mich kaum beruhigen, doch diese Gespräche wirkten immer mehr nach, und erst jetzt, da ich erwachsen bin, verstehe ich sie und vor allem das Gefühl und den Schmerz dahinter. Erst jetzt, wo meine Mutter bereits seit 23 Jahren tot ist. Vieles habe ich als Kind nicht gesehen, wie denn auch? Ich flüchtete in eine Welt, in der es keinen Schmerz und keine Ausgrenzung gab. Ja, ich baute mir eine Welt, wie sie mir gefällt, denn meine reale Welt war ausschließlich durch die Liebe meiner Mutter stabil. Ihr gelang es, mir trotz schwieriger Umstände grenzenlose Sicherheit und Liebe zu geben. Sicherheit, die bis heute in mir weiterlebt. Es ist mir immer noch ein großes Rätsel, wie sie die Kraft dafür aufbrachte.

Meine Mutter prägte meine Definition von »Vorbild«. Ja, Mama, Du bist und bleibst mein größtes Vorbild, und ich danke Dir für alles, was Du mir mitgegeben hast. Leider konnte ich Dir das nie wirklich sagen, weil Du uns so früh verlassen musstest. Ich wünschte, ich könnte Dir etwas zurückgeben, Dir die Sorgen für einen Moment nehmen, Dir eine Freude bereiten. Beispielsweise könnte ich Dir einen der langen Mäntel kaufen, die Du so gemocht hast, aber die wir uns nicht leisten konnten. Oder ganz viel Cornetto-Nuss-Eis, das hattest Du besonders gern. Deine Oil-of-Olaz-Gesichtscreme. Einen sorgenfreien Aufenthalt bei Deinen Eltern in Marokko würde ich Dir so gern ermöglichen, wo Du nicht aufs Geld schauen und Dich auch sonst um nichts kümmern müsstest. Oder Dir andere schöne Orte auf dieser Welt zeigen, denn all das blieb Dir leider oft verwehrt.

Wahrscheinlich gleicht meine Perspektive nicht der Definition von »Vorbild«, die Du vorgibst, Deutschland. Der Definition, die Du gleichstellst mit gelungener Integration, denn mein Verständnis von gelungener Integration ist sicherlich ein anderes, aber dazu kommen wir noch. Ein Vorbild ist für mich vor allem ein Mensch, der Sicherheit geben kann, ohne selbst Sicherheit erfahren zu haben, der selbst regelmäßig Ausgrenzung erfährt und dir dennoch vermittelt, dass du ein gleichwertiger Teil der Gesellschaft bist und alles schaffen kannst. Für mich wirkt es aber so, als wäre es Dir kaum möglich zu realisieren, was viele Menschen leisten, wenn es nicht die Art von Leistung ist, die Du forderst. Also eine Leistung, die Deiner Meinung nach zu dem Gesellschaftstyp passt, den Du bevorzugst. Für andere Arten von Leistung empfindest Du meist kaum Anerkennung und Wertschätzung, vielleicht weil diese unsichtbar sind, vielleicht weil Du sie unsichtbar machst, vielleicht weil Du einfach andere Prioritäten setzt? Ich weiß, das musst Du, denn für Dich ist Deine Gesellschaft eine Leistungsgesellschaft, und das soll sie auch bitte bleiben. Das hast Du nicht nur festgestellt, sondern auch hergestellt. Sicherlich erfüllt Dich das mit Stolz, Deutschland!

Meine Mutter leistete was, verdammt! Sie leistete enorm viel, aber sicher meinst Du dennoch nicht sie, wenn Du von »Leistungsgesellschaft« sprichst. Trotzdem war ihre Leistung und Aufopferung echt und außergewöhnlich. Sicherlich ist sie nicht die Einzige aus der ersten Generation von Migrant_innen, die besonderen Hürden und Hindernissen ausgesetzt war. Wahrscheinlich sind es noch immer viele. Wenn Du an Migration denkst, dann gehst Du meist davon aus, dass alle Menschen freiwillig hier bei Dir sind und sich nichts Schöneres vorstellen können. Alle haben nur den einen Traum: Deutschland, Aufenthaltserlaubnis und den roten Pass, und es macht ihnen natürlich überhaupt nichts aus, dass sie ihre Familien, ihre Freunde, ihre Straßen, ihren Alltag, ihren Duft von Heimat und alles, was ihnen vertraut war, hinter sich lassen mussten. Meine Mutter hatte ganz sicher keine Wahl, als mein Vater damals entschied, seinem Ruf nach Deutschland zu folgen. Viele seiner Brüder wählten den Weg der Emigration, nicht alle entschieden sich allerdings für Dich, Deutschland. Wenn ich sauer auf Dich bin, trage ich es meinem Vater nach.

Seine Brüder verteilten sich auf ganz Europa. Meine Mutter hatte zu der Zeit bereits vier Kinder auf die Welt gebracht und lebte in dem Dorf meines Vaters, im Haus meines Opas, und ja, es war eine riesige Familie, aber mich gab es da noch nicht.

Die Hoffnung auf ein besseres Leben und eine gewisse Not spielten bei der Entscheidung meines Vaters natürlich eine Rolle – aber war und ist es wirklich ein besseres Leben, das meine Eltern gefunden haben?

Schaue ich mir meinen Vater und andere Menschen der ersten Generation an, sehe ich, dass sie heute, längst im Rentenalter angekommen, nicht mehr genau wissen, wo sie wirklich hingehören, und einige nicht mal mehr, wo sie herkamen. Sie leben in einer Art Abhängigkeit ohne Zugehörigkeit. Meist sind die Gründe, warum sie noch hier bei Dir sind, entweder die eigenen Kinder und Enkelkinder oder Dein Gesundheitssystem, auf das sie inzwischen leider angewiesen sind. Eine Art Verpflichtungsgefühl verbindet sie mit ihrer ursprünglichen »Heimat«, aber auch mit Dir, und deshalb pendeln sie zwischen Dir und ihr, auch wenn sie in ihr längst »die Ausländer« geworden sind und bei Dir auch immer noch Ausländer oder ewige Gäste sind. Ihre Suche nach Heimat hört bald auf, denn bald wird es noch viel stiller um sie, dabei hätten sie Dir noch so viel zu sagen, so verdammt viel, Deutschland! Genau das ist auch das Leben, das mein Vater führt.

Also: War es für ihn die bessere Entscheidung? Ich bezweifle es, und das tue ich sicher nicht grundlos. Aber er beschwert sich nicht, Deutschland. Das würde er nie tun. Er ist Dir lieber dankbar und schweigt. Ich weiß nicht, ob er in seinem Herzen ausschließlich Dankbarkeit für Dich trägt, weil sein Leben – und vor allem meins und das meiner Familie – oftmals Deine harten Seiten zu spüren bekommen hat, Deutschland. Er trägt in seinem Herzen sicherlich auch Enttäuschung darüber, was Du von ihm fordertest, und darüber, dass Du nicht immer da warst, wenn er Dich mal brauchte, und nicht einmal ein »Danke« hat er von Dir gehört. Oft überfordertest Du ihn, aber manches war auch nicht nur Deine Schuld.

Fakt ist aber, dass Du meist nur denjenigen Schutz gewährst, die Deinen Vorstellungen entsprechen, zumindest machst Du Deine Angebote nur für diese Personen sichtbar und zugänglich. Hier fällt Dir auch Dein Mitgefühl tatsächlich viel leichter, aber nicht, weil wir alle so unterschiedlich sind, sondern weil Du den Unterschied machst. Eigentlich gibt es doch keine Fremden, sondern nur unterschiedliche Versionen unseresgleichen, oder? Für meine Eltern waren Deine Angebote und Hilfestellungen unsichtbar, und für meinen Vater sind sie es auch heute noch.

Migration zu managen, ist nicht einfach, ich weiß, aber nicht sie ist das Problem, sondern Deine Überforderung, die dadurch entsteht. Diese Überforderung hast zwar auch Du zu verantworten, Du machst aber meist andere dafür verantwortlich. Ist es denn nicht menschlich, dass dort, wo Überforderung herrscht, Dinge auch mal schieflaufen? Es gibt Stimmen, die sagen, dass es doch eine Form von Eigenverschulden sei, wenn man die vorhandenen Unterstützungsmöglichkeiten aufgrund »mangelnder Integration« nicht in Anspruch nehmen kann. Selbst schuld! Hätten sich meine Eltern besser integriert und wären sie nicht nur unter »ihresgleichen« gewesen, hätten viele Dinge sicher besser funktioniert, oder? Diese Stimmen sind auch heute noch sehr laut, vielleicht lauter denn je. Eine faire Chance auf Integration war allerdings nie vorhanden, genauso wenig wie die gesellschaftliche Forderung danach. Wahrscheinlich gab es die gesellschaftliche Forderung nicht, weil die Rollen klar waren, oder? Natürlich gab es auch damals schon zahlreiche Stimmen, die einem regelmäßig den Satz »Pass Dich endlich an!« zuwarfen, aber das ist ja keine Aufforderung zur Integration, sondern ein Befehl zur Assimilation, oder? Ist Integration also wirklich so fortgeschritten, wie Du sie oft darstellst? Ist sie nicht ein sehr neuer Prozess? Sind wichtige Maßnahmen und Angebote nicht in Wahrheit erst wenige Jahre jung? Gerade »Gastarbeiter« waren nie in der »privilegierten Situation«, auf zahlreiche Integrationsangebote zurückgreifen zu können und zu dürfen. Sie forderten nicht viel. Sie haben sich ohne Sprache irgendwie durchgeboxt und machten ihre Arbeit. So war es doch mit Dir abgemacht, oder Deutschland? Die von Dir neu geschaffenen Integrationsangebote berücksichtigten meist nur diejenigen, die neu nach Deutschland kamen, und das war für mich hauptsächlich in den Jahren 2015/2016 spürbar. Deine gesetzlichen Rahmenbedingen entschieden, wer sich wie integrieren darf, und daran hat sich auch heute nicht viel verändert.

Du entscheidest, wer kommen darf, wer bleiben darf, wer sich integrieren darf und wer sich schnell wieder vom Acker machen sollte, und dann gibt es noch zahlreiche Menschen, die Jahrzehnte hier sind, aber völlig abgespalten werden, weil Du sie eigentlich nicht hier haben willst, aber auch nicht weißt, wie Du sie loswerden sollst, also: einfach ignorieren, bis sie ermüden und von selbst gehen. Die nächste Flucht also, nur in die andere Richtung. Die »Bleibeperspektive« ist hier für Dich entscheidend. Dabei könnten sie so »nützlich« für Dich sein, das wirst Du sicher noch erkennen. Sobald die Not groß genug ist, wirst Du sicher auch Wege für diese Menschen finden, um Deinen Mangel auszugleichen.

Als viele Menschen, wie auch mein Vater, für Dich ihre Heimat verließen, hast Du sie nicht sehr gastfreundlich empfangen, Deutschland. Ich bitte meine Gäste nicht darum, zuerst die Hosen runterzulassen, bevor sie eintreten dürfen. Ich weiß, Du musstest Dich vergewissern, dass Du gute »Ware« kaufst und nicht die Katze im Sack. Aber hast Du Dich jemals gefragt, wie erniedrigend es für diese Menschen war, sich splitternackt in einer Reihe aufzustellen, um von Dir begutachtet zu werden? Wie groß musste die Not eines Menschen, eines jungen Mannes sein, das ohne Widerstand über sich ergehen zu lassen? Einige hast Du danach wieder zurück in ihre Heimat geschickt, weil sie Dir nicht stabil und kräftig genug erschienen. Das war für diese Menschen sicherlich ein noch schrecklicheres Gefühl, oder Deutschland? Mein Vater und andere »Gastarbeiter« vergleichen es oft mit dem Opferfest und erinnern sich an die Zeit, in der sie auf dem Markt das Schaf, welches an diesem Fest geopfert wird, aussuchten. Sie schauten auf die äußere körperliche Verfassung, sie schauten ihm ins Maul und wollten sicher sein, dass die Investition sich auch wirklich lohnt. Das Fell rasierten sie ihm aber nicht ab. Die Menschen, die Du heute noch »Gastarbeiter« nennst, wurden ebenfalls in der Art und Weise von Dir begutachtet. Wie ein Schaf zum Opferfest, und bevor die Tierschützer nun zu demonstrieren anfangen: Es war natürlich ein armes, unschuldiges, süßes Schäfchen, das niemandem etwas getan hatte und auch nicht so behandelt werden durfte. Aber es ist und bleibt nun mal ein Schaf! Wenn mein Vater von der Erstuntersuchung nach seiner Ankunft in Deutschland spricht, klingt es cool und lustig, wie vieles, was er erzählt. Ich sehe noch immer die Scham, die Trauer und den Schmerz in seinen Augen, auch wenn er längst für sich Humor als beste Bewältigungs- und Überlebensstrategie gewählt hat. Mein Vater lächelt oft, wenn er über seine schmerzvollen Erlebnisse berichtet, so verarbeitet er sie und wirkt dennoch stark vor uns Kindern. Lieber möchte er von seinen Kindern als Held betrachtet werden statt als Opfer Deines Systems, das kann ich gut verstehen. Das passt nicht zu einem starken Papa, der seine Familie beschützen sollte, deshalb lächle ich meist zurück, wenn er erzählt. Wenn er wüsste, was ich wirklich denke und fühle, aber lass uns das als kleines Geheimnis für uns behalten, okay? Ihm fehlte es zweifellos an Sprachkursen und anderen Integrationsangeboten. Für solche wie ihn hattest Du kaum was im Angebot, das war ja für »Gäste« nicht nötig, denn deren Aufenthalt ist nur befristet (zumindest war das Dein Plan). Außerdem hätte er neben der schweren Arbeit, die er jeden Tag verrichten musste, sowieso keine Zeit und Kraft mehr dafür gehabt. Deshalb waren seine einzigen Sprachpaten und Integrationslotsen wir Kinder, und in vielen Fällen sind wir es heute immer noch.

So war ich es auch nicht gewohnt, dass meine Mutter den Anruf beim Hausarzt selbst erledigte, denn dies zählte meist zu unseren Aufgaben als Kinder. Meine Mutter hatte immer wieder den Mut und Ehrgeiz, Termine auch selbst zu erledigen, und ich freute mich als Kind immer sehr, meinen Geschwistern darüber zu berichten. Ich liebte ihren Mut und Ehrgeiz und wie sie es immer wieder schaffte, andere damit zu irritieren. Die Kommunikation mit dem Vermieter erledigte sie beispielsweise oft selbstständig. Wenn irgendetwas in der Wohnung defekt war, rief sie beim »Bauverein« an und meldete es. Eines Tages löste sich die Klinke der Hauseingangstüre und ließ sich nicht wieder anbringen, also rief meine Mutter sofort beim Vermieter an, um den Schaden zu melden:

»Guten Tag, ich bin Frau Lamroubal. Hand von Tür kaputt. Muss reparieren!!!«
Natürlich war am anderen Ende der Leitung völlige Verwirrung.
»Was bitte ist kaputt??«
Meine Mutter antwortete erneut und selbstsicher: »Hand von Türe!! Hand von Türe kaputt!!!«

Es bedarf doch wirklich nicht viel Kreativität, um zu verstehen, was damit gemeint ist, Deutschland.

Dann gab es neben den Anrufen beim Vermieter und bei Ärzten natürlich auch die Besuche bei den Ärzten, beim Arbeitsamt, Ausländeramt, Sozialamt und allen, für die man die deutsche Sprache so benötigt. Hier mussten wir Kinder sie unterstützen, das taten wir gerne, denn natürlich fanden die Termine nicht immer außerhalb der Schulzeit statt.

Ich möchte nicht sagen, dass es ausschließlich nachteilig ist, wenn man Eltern hat, die der deutschen Sprache nicht mächtig sind, denn es hatte definitiv auch Vorteile. Vor allem in der Schule zahlte es sich für mich aus, wenn auch nicht lang. Hieß es also auf dem Zeugnis: »Soiad ist immer unkonzentriert, hat nie ihre Hausaufgaben und stört ständig den Unterricht«, krelerte ich folgende Übersetzung: »Souad ist stets konzentriert, erledigt immer gewissenhaft und ordentlich ihre Hausaufgaben und stört nie den Unterricht.« Wäre da nur nicht mein ältester Bruder gewesen, der seine Rolle als ältester Bruder mehr als ernst nahm, und das größte Problem war: Er konnte lesen! Vielleicht sollte ich Dir also doch dankbar sein für die fehlenden Sprach- und Integrationskurse. Wenigstens ein bisschen?

Heute, 2022, nach so vielen Jahren der Migration hat sich beim Thema Integration nicht viel verändert, außer dass DEINE Definition von Integration existenziell ist und eine Grundvoraussetzung, um Teil Deiner Gesellschaft zu werden, zumindest behauptest Du das. Dennoch kann ich beim besten Willen die Frage »Was ist eigentlich gelungene Integration?« nicht beantworten. Mich überfordert dieser

Punkt maßlos. Hilfst Du mir, das zu verstehen, Deutschland? Ich verspreche auch, mich zu revanchieren. Ich sage Dir dann, wie der Araber, Afghane oder Türke tickt. Wechselseitig, wie wunderbar!

Eine meiner wichtigsten Fragen ist also: Wann ist man denn nun wirklich integriert, und wo steht das eigentlich genau geschrieben, Deutschland? Schon allein dieser Ausdruck »Integration« ist so ausgelutscht, dass sogar die Debatten über ihn allmählich verstummen. Wir sprechen nie darüber, wie er denn nun klar definiert und wann der Integrationsprozess abgeschlossen ist. Wir hören nur immer, was angeblich zu tun sei. Wann jemand wirklich integriert ist, bleibt aber unklar und ist gewissermaßen variabel.

Es ist also ruhiger um die Integration geworden. Sicherlich nicht, weil Du das Problem gelöst hättest, sondern weil Du es aufrechterhalten willst und Menschen, die das Problem lösen möchten, aus Erschöpfung resignieren. Viele sind so mit Deiner Aufforderung zur Integration beschäftigt, dass kaum Zeit für etwas anderes bleibt, nicht einmal, um darüber nachzudenken.

Ich behaupte: Du hast den Begriff und seine eigentliche Definition eigenmächtig verändert, denn Integration war ursprünglich etwas ganz anderes. Früher waren es nämlich die Stimmen von betroffenen Minderheiten selbst, die ihre Integration *forderten*, ja, und sich diese wünschten. Hier ging es um den Anspruch auf gleichberechtigte Teilhabe, den Anspruch darauf, »mitmachen und mitentscheiden zu dürfen«, Teil des Ganzen sein zu dürfen. Faire Chancen zu erhalten. Heute ist »Integration« gesetzlich und gesellschaftlich ganz anders verankert und hat viel mit Bringschuld und Anpassung zu tun, mit »Assimilation, sonst Sanktion«. Ich kann es nicht mehr hören: *»Integration ist ein wechselseitiger Prozess! Integration ist keine Einbahnstraße!«* Blablabla... So drehen wir uns seit vielen Jahren im Kreis und kommen nicht voran. Willst Du überhaupt, Deutschland, dass diese Menschen vorankommen? Manchmal beschleichen mich gewisse Zweifel.

Deutschland, Du bist so genau, so überbürokratisch, man könnte meinen, Du hättest die Bürokratie erfunden! Alles verschriftlichst Du, nichts entgeht Dir, wirklich nichts, und bei der Integration tust Du Dich mit einer genauen Definition schwer? Es fällt mir schwer, das zu glauben. Wie kannst Du etwas verlangen, von dem Du eigentlich selbst nicht weißt, was es wirklich ist? Vor allem, wie kannst Du Menschen für etwas sanktionieren, für das es keine genaue Definition gibt und das lediglich einer vagen Vorstellung gleicht? Deiner Vorstellung!! Du zwingst Menschen auf eine Reise, die kein wirkliches Ziel hat. Oder ist das Ziel der Reise also die Reise? Solange es eine schöne Reise ist, habe ich nichts dagegen (hier meine ich natürlich nicht die Reise dahin zurück, wo ich herkomme). Wenn es aber eine Reise ist, auf der Menschen immer wieder unter Beweis stellen müssen, dass sie es verdient haben und wert sind, ihre Grundrechte in Anspruch nehmen zu dürfen, dass sie es verdient haben, hier bei Dir sein zu dürfen, dann ist es eine bittere Reise, liebes Deutschland. Eine verdammt bittere Reise!

Es geht in den allermeisten Fällen um Menschen, die so aussehen wie ich oder die einfach nur anders zu sein scheinen, anders als Deine Definition von Deutsch oder Deine Vorstellung darüber. Gesetzlich hast Du bestimmt, wer Deutscher und wer Ausländer ist. Und demnach ist Ausländer derjenige, der nicht Deutscher gemäß Artikel 116 Absatz 1 des Grundgesetzes ist, und Du sagst auch, dass wer neben der deutschen Staatsangehörigkeit noch eine andere Staatsangehörigkeit besitzt, dennoch Deutscher ist. Dein Pass ist also die Lösung? Der heilige rote Pass schützt einige Leute vielleicht vor den gesetzlichen Anforderungen bei der Integration, er schützt aber bei Weitem nicht vor dem gesellschaftlichen Druck und der Aufforderung zur Integration. Den Besitz des roten Passes sieht man »uns« ja nun mal nicht an, denn äußerlich bleiben »wir« Dir fremd. Wer anders aussieht, wird immer wieder aufgefordert, sich zu integrieren, und jegliches vermeintliche Scheitern bringst Du bei »uns« meist mit mangelnder Integration in Verbindung.

Ich erinnere mich noch gut an eine Klausur, die ich im Rahmen meines berufsbegleitenden Studiums geschrieben habe. Das war im Fach »Kosten- und Leistungsrechnung«. Mir lag das Fach nie, es bereitete mir große Probleme. Ich erhielt die Klausur aber mit einem überraschend guten Ergebnis in der Erstbeurteilung zurück. Die Zweitbeurteilung holte mich wieder auf den Boden der Tatsachen zurück, denn die Klausur fiel dann doch schlechter aus. Ich las mir die Begründung durch und entdeckte, dass die gute Note nur zustande kam, weil man mir eine Art »Nachteilsausgleich« gewähren wollte, weil Deutsch nicht meine Muttersprache sei und ich aufgrund dessen mehr Schwierigkeiten gehabt hätte, die Fragestellungen zu verstehen. Isch hab isch wirklich nix verstehen! Der Zweitbeurteiler schrieb mit Rot darunter: »STIMMT NICHT!!!!« Endlich hätte ich mal einen Vorteil haben können, aber dieser wurde sofort zunichtegemacht. Okay, okay, ganz fair wäre es wirklich nicht gewesen.

Bleiben wir bei dem ewigen Thema INTEGRATION, dieser Reise ohne Ziel: Die Integrationsreise gestaltest Du individuell, das weiß ich, ganz nach Ausgangssituation, Herkunftsland, Bildungsstatus, wirtschaftlicher Situation, Aufenthaltsstatus und so weiter. Fakt ist aber: Es gibt kein Ziel, eigentlich auch keinen planbaren Zwischenhalt, nicht mal eine kleine Pipi-Pause, und natürlich macht man sich dann auf der Strecke in die Hose. Mal klein, mal groß. Die Reise ist aber noch mehr: Sie ist wie der Weg nach Hause ohne Zuhause. Klingt komisch, ich weiß, fühlt sich aber noch komischer an. Und das weißt Du wohl eher nicht. Bevor es zu kompliziert wird, lass uns das Thema noch etwas mehr strukturieren, an ein paar Beispielen, ja? So, wie Du es magst.

Es gibt da inzwischen so etwas wie eine erste Station (das ist NEU), den Startblock der Integration quasi, den müssen alle durchlaufen, und zwar direkt zu Beginn ihrer Integrationsreise. Für meinen Vater zum Beispiel war der Startblock noch ein riesengroßer Kessel: Rein in den Kessel und schrubben, schrubben, schrubben, bis die Bandscheibe zerfällt. Aber, Deutschland, Du hast ja dazugelernt und der Prozess hat sich verändert, kein Thema. Jetzt heißt der Startblock nicht mehr Kessel, sondern: AMTSSPRACHE IST DEUTSCH (das ist eigentlich ALT). Zuerst kommt der Spracherwerb. »Sprich Deutsch, und alles wird gut und viel einfacher«, so heißt es. »So kommst Du Deinem Ziel auf jeden Fall näher!« Sprache ist DAS Ticket in die Welt der

Gleichberechtigung. Sie ist der Beweis dafür, dass du dich anpasst. Sie verhilft dir zur gewünschten Autonomie und sagt zusätzlich etwas über deinen Bildungsstatus aus, richtig? Bildung ist ein wirklich wichtiger Teil der Integration! Ohne Deutsch, keine Bildung!! Gutes Deutsch zu sprechen, bedeutet, integriert zu sein und natürlich gebildet, also zumindest gebildeter, als kein Deutsch zu sprechen, oder? Aber, Deutschland, was ist dann mit den ganzen Menschen, die kein gutes Deutsch sprechen und dennoch gebildet sind? Oder denjenigen, die ungebildet sind und dennoch gutes Deutsch sprechen? Ich bin verwirrt über den Zusammenhang von Bildung und Sprache!! Noch irritierter bin ich aber darüber, dass dem Spracherwerb so eine machtvolle Rolle zugeschrieben wird und dass Menschen, die die Sprache gut beherrschen, oftmals machtlos bleiben. Es muss da doch etwas geben, das noch dominierender ist als die Sprache, noch machtvoller als sie! Egal, wir halten fest: Der wichtigste Schritt auf dem Weg zur gelungenen Integration für Dich ist DAS BEHERRSCHEN DER DEUTSCHEN SPRACHE. Wir halten auch fest: Hier hast Du Deinen Prozess beziehungsweise den Reiseweg verändert. Für meinen Vater waren »Hallo!« »Guten Tag!« »Auf Wiedersehen!« völlig ausreichend. Den Satz »Du bist du bekloppt du Schweinereien« musste er sich ganz allein beibringen.

Heute hast Du dafür Deine Integrationskurse. Sie dienen zur Unterstützung von Menschen mit Flucht- und/oder Migrationsgeschichte und sollen bei der Überwindung von Hürden aufgrund migrationsgesellschaftlicher Unterschiede helfen. Na ja, wenn wir ehrlich sind: Ganz freiwillig und ausschließlich zur Unterstützung ist das nicht, denn der Kurs ist verpflichtend, zumindest dann, wenn man einen langfristigen Aufenthalt zum Ziel hat und Probleme mit Dir vermeiden möchte.

Puh, diese Integrationskurse sind eine Geschichte für sich. Ich erinnere mich gut daran, wie Deine kreative Ader diese besondere Idee hervorbrachte, Integrationskurse für zahlreiche Migrantinnen und Migranten umzusetzen, und zwar unabhängig davon, wie lange sie schon hier bei Dir waren. Eine Wahl hat man nicht, denn die Kurse zählen zu den wichtigen »Erteilungsvoraussetzungen« (dieser Begriff geht runter wie Öl) für bestimmte Aufenthaltstitel. Die erste Generation traf das damals hart, sie war völlig überfordert und überrumpelt von Deinem plötzlichen Anspruch und der Aufforderung, kurzfristig einen Integrationskurs absolvieren zu müssen. Viele Mütter zum Beispiel waren seit ihrer »Ersteinreise« bei Dir Hausfrauen, kümmerten sich ausschließlich um die Betreuung ihrer Kinder und sorgten für ein warmes Zuhause. Das taten sie sehr gerne und freiwillig, ja, mit Unterdrückung hatte das nichts zu tun, weshalb sie auch an Integrationskursen einfach nicht interessiert waren. Wieso auch? Viele von ihnen haben nie zuvor eine deutsche Bildungseinrichtung besucht und hatten auch nicht vor, diese im höheren Alter noch einmal zu besuchen. Ich bin auf jeden Fall ein Fan von Emanzipation, allerdings nur, wenn diese aus freien Stücken geschieht. Es gibt keinen Zwang zur Emanzipation. Ob sie gut für alle ist, wage ich zu bezweifeln, und sicher brachte und bringt sie auch einige Nachteile mit sich. Ich gehe sogar so weit zu sagen, dass Emanzipation Diskriminierung und Ausgrenzung fördern und zu Überlastung und Überforderung von Frauen führen kann. Wir Frauen haben im Laufe der letzten

Jahrzehnte viele Aufgaben dazubekommen, aber nur wenige wurden uns abgenommen, ein echt schlechter Deal, Deutschland. Das ist sicherlich von Frau zu Frau unterschiedlich, und es gibt somit Gewinnerinnen und Verliererinnen. Vielleicht solltest Du deshalb nicht immer nur auf Quantität setzen, Deutschland, sondern die Individualität eines und einer jeden stärker in den Fokus nehmen. Es gibt keine Maßnahmen, die für alle geeignet sind. Nicht, solange wir Menschen sind und auch bleiben wollen.

Meiner Mutter blieben diese Integrationskurse erspart, denn sie entstanden erst lange nach ihrem Tod. Trotzdem hätte ich gerne erlebt, wie sie darauf reagiert hätte, und bin mir absolut sicher, dass ihr Umgang mit Deiner Aufforderung in Sachen Integrationskurs und die Worte, die sie für Dich gefunden hätte, eines der Highlights dieses Buches geworden wären.

Humor und Ironie waren nur zwei ihrer Stärken neben ihrer Wortwahl, die unbeschreiblich und einzigartig war. Ihre Sprache ist natürlich nicht die Sprache, die Du meinst, wenn Du von Integration sprichst, das ist mir schon klar. Die Sprache meiner Mutter ist mir aber dennoch viel lieber. Deine Sprache ist natürlich machtvoller. Sie ist so wichtig geworden, dass Du sie bei vielen »Flüchtlingen«, die in den Jahren 2015 und 2016 aus Kriegsgebieten fliehen mussten, um Sicherheit bei Dir zu finden, als höchste Priorität einstuftest. Sei ehrlich mit mir: Dachtest Du wirklich, dass das die Lösung ihrer vermeintlichen »Integrationsprobleme« sein könnte? Oder hast Du es nur so entschieden, um Deine Gesellschaft zu beruhigen und warst dabei selbst völlig überfordert und hilflos? Dir muss doch klar gewesen sein, dass viele von ihnen schwerst traumatisiert und voller Trauer waren. Gab es da nichts Wichtigeres, als Deutsch zu lernen? Die heilende Wirkung der deutschen Sprache war mir so noch gar nicht klar. Ich finde, dass gewisse Worte aus Deiner Sprache eher Schaden anrichten können, weil sie echt hart klingen. Die Schicksale der Geflüchteten, vor allem jener, die aus Syrien, Afghanistan und dem Irak stammten, berührten Dich nur kurz, veränderten aber nicht viel. Dein Mitgefühl war hier nicht wirklich nachhaltig, obwohl Nachhaltigkeit Dir ja sonst soooo wichtig ist. Es war dennoch ein schönes Gefühl zu sehen, wie Du mit Willkommensplakaten und Luftballons die vielen Menschen aus Kriegsgebieten herzlich empfangen hast: »Refugees welcome!«, »Wir schaffen das!«, »Herzlich Willkommen!«, »Solidarität mit Flüchtlingen!«, »Maria statt Scharia!« (oh, sorry, das war die andere Seite von Dir). Eine unglaubliche Solidarität verbreitete sich also. Lange hielt die Willkommenskultur aber nicht an, oder? Ich war damals sehr erstaunt über die positive Stimmung. Es war ja fast eine Art Euphorie und richtige Vorfreude, die Dich packte, Deutschland. Du zeigtest Dich von einer ganz anderen Seite, und ich war sehr stolz auf Dich.

Aber dennoch hatte es irgendwie auch etwas Kommerzielles, deshalb blieb ich skeptisch. Ich wusste, dass es nicht viel braucht, um die Stimmung zu kippen, ich wusste, dass dies geschehen wird und Menschen vermeintliche »Ängste« entwickeln werden. Dass es Spaltung geben wird. Dass Du zwischen guten und schlechten Flüchtlingen unterscheiden wirst. Dass Deine Angst vor dem Fremden siegen wird. Dafür sahen die Menschen einfach zu anders aus, hatten eine andere Religion, lebten in Deiner Vorstellung nach anderen Werten und Normen. Natürlich ging es auch noch um diese unausrottbare, geradezu chronische Angst davor, dass »Flüchtlinge« oder »Ausländer« Dir die Arbeitsplätze wegnehmen könnten. Ohne Sprachkenntnisse, ohne geregelten Aufenthalt, ohne Wohnung, ohne jegliche Dokumente. Ist doch sehr realistisch. Die Menschen fliehen vor dem Krieg, um Dir endlich Deinen langjährigen Arbeitsplatz streitig zu machen. Die vermeintlichen Ängste haben natürlich nichts mit der Sicherung Deiner Privilegien zu tun. Neeeeeeein!!!

Ich erinnere mich gut, wie ich in diesem Zeitraum bei meiner kommunalen Migrations- und Integrationsarbeit täglich Kontakt hatte mit vielen dieser Menschen. Sie hatten ihre Familien in Kriegsgebieten zurücklassen müssen, Ausweisdokumente auf ihrer Reise im Meer verloren, sie konnten vor Trauer darüber, dass sie ihre geliebte Heimat und geliebte Menschen verloren hatten, kaum sprechen. Den Tod einiger ihrer Angehörigen hatten sie teilweise noch gar nicht realisiert. Würden sie wenigstens die Familienmitglieder, die überlebt hatten, je wiedersehen? Sie kamen teilweise aus stabilen Verhältnissen, hatten ein geregeltes Leben und eine Heimat und waren nicht darauf vorbereitet, sie jemals verlassen zu müssen, und sie hätten dies freiwillig auch nie getan – wäre da nicht diese fürchterliche Todesangst gewesen. Was Du manchmal sahst, wirkte jedoch wie ein Widerspruch dazu: Einige hatten tatsächlich ein Handy, oder es war das erste, wonach sie fragten, als sie bei Dir ankamen! Hatten die keine anderen Sorgen? Von wegen vor dem Krieg geflohen! Was für undankbare Schmarotzer! Anstatt sich nur mit Essen und Trinken zufriedenzugeben, wollen die jetzt auch noch Handys? Unmöglich! Dass aber das Handy die einzige Möglichkeit war, um Kontakt zu der Familie zu halten oder sich über die Situation im Heimatland zu erkundigen, hast Du ausgeblendet – oder hast Du es nur »übersehen«, Deutschland?

Unzählige Gespräche durfte ich führen, die meisten in meiner Freizeit, viele auch in meiner beruflichen Funktion. Da mich die Schicksale der Menschen sehr bewegten, konnte ich nach Feierabend nicht einfach einen Schlussstrich ziehen und mich distanzieren, es ließ mir oft keine Ruhe, wie es mit den Menschen weitergeht. Ich wollte auch mehr als nur »die Beamtin« sein. Kommunen haben nun mal viele Vorgaben und sogar politische Interessen, auch in der Migrationsarbeit. Welchem »Flüchtling« in welchem Umfang geholfen werden darf, ist da teils klar geregelt. Förderprogramme berücksichtigen meist nur bestimmte Zielgruppen, und wer dazugehört, entscheidet die Politik. Wir als Kommunalverwaltung führen einfach aus. Meist ist die ursprüngliche Heimat der Menschen entscheidend dafür, ob gewisse Hilfestellungen in Anspruch genommen werden dürfen, manchmal ist es das Alter und manchmal das Geschlecht. Es ist aber selten eine individuelle Entscheidung, die wir als Verwaltungsmitarbeiter_innen treffen dürfen. Das kostet wirklich Kraft, Deutschland. Vor allem in Zeiten, in denen ich klare Bedarfe feststellte, die Förderprogramme des Landes oder des Bundes mir aber nicht erlaubten, diesen Menschen zu helfen. Die Menschen, die Du hier haben willst (na ja, »wollen« ist jetzt sehr großzügig ausgedrückt), erhalten gewisse Unterstützungen, und diejenigen, deren Bleibeperspektive als schlecht eingestuft wird, dürfen teilweise nicht einmal an Deutschkursen teilnehmen, geschweige denn sich um eigenen Wohnraum bemühen. Gerade in meinem alten Fachbereich wurde und wird viel Politik gemacht. Das störte mich sehr, weil ich es unerträglich finde zu selektieren und Unterschiede zu machen, wenn Menschen in Not sind. Aber wir hatten nun mal keine andere Wahl.

Durch meinen gemeinnützigen Verein war es mir allerdings möglich, weitere Hilfestellungen zu leisten und für einen gewissen Zeitraum einfach da zu sein und sich auch für die Menschen einzusetzen, die von Dir unsichtbar gemacht wurden.

Aber egal in welcher Funktion ich diesen Menschen begegnete, ich war für dieses tiefe Vertrauen, das mir entgegengebracht wurde, unheimlich dankbar. Ich sehe es nicht als selbstverständlich an, dass sie sich mir sofort öffneten, und forderte es nie ein, schon gar nicht, weil ich für eine Behörde arbeitete. Denn hier dauert es um einiges länger, bis Vertrauen hergestellt werden kann. Die Arbeit ist – leider – meist unpersönlich, denn die meisten Abteilungen einer Stadtverwaltung leben nicht von Nähe und intensiven, vertrauensvollen Beziehungen zu Kundinnen und Kunden, sondern eher von Distanz und klaren Machtverhältnissen. Gerade in den Ämtern, die für die Bereiche Migration und Integration zuständig sind und wo wichtige Entscheidungen getroffen und sehr private Dinge und Probleme erörtert werden. Irgendwie ein Widerspruch zu dem, was Du willst, oder Deutschland? Auch jenseits aller Stadtverwaltungen zählt es nicht gerade zu Deiner »Kultur«, dass Du mit privaten Angelegenheiten bei Fremden hausieren gehst, da bist Du eigentlich sehr diskret und findest es taktlos, wenn man Dir »sehr private Fragen« stellt.

Aber diese Menschen hier, die »Geflüchteten«, sind anders, sie wollen etwas von Dir, und deshalb sind sie in der Bringschuld, richtig? Sie sind Fremde, und deshalb machst Du erst mal klar, wer hier Herr im Hause ist, und fragst, was Du Dich selbst nie fragen würdest.

Kennst Du eigentlich Toni Morrison? Neeeein, nicht Mark Morrison, der den bekannten Hit »Return oft the Mac« veröffentlichte, ich meine Toni Morrison. Sie war eine US-amerikanische Schriftstellerin und zählt zu den bedeutendsten Vertretern der afroamerikanischen Literatur. 1993 erhielt sie als erste afroamerikanische Autorin den Literaturnobelpreis. Toni Morrison sagt in ihrem Buch *Die Herkunft der anderen* Folgendes: »Es gibt keine Fremden, sondern nur unterschiedliche Versionen unserer selbst.« Deshalb solltest Du bei der Frage danach, was andere brauchen, einfach nur Dich fragen, und Du bist der richtigen Antwort sehr nah.

Mit unzähligen Menschen, die nach Ihrer Flucht aus dem Krieg Schutz bei Dir suchten, habe ich über ihre Ängste gesprochen, und eine der größten war die persönliche Anhörung im Rahmen des erforderlichen Asylverfahrens. Hier war es oft so, dass viele sich aufgrund der Traumatisierungen an vieles nicht mehr erinnern konnten und wollten oder auch große Angst hatten, über die schrecklichen Erlebnisse zu sprechen. Vor allem, weil sie die Gespräche mit Menschen führen mussten, die sie nicht kennen und zudem in der Regel ohne begleitende psychologische Betreuung. Für diese Ängste gab es aber weder Verständnis noch zeitliche Kapazitäten. Jeder seriöse Psychologe würde Dir davon abraten, über traumatische Ereignisse ohne professionelle Begleitung zu sprechen, vor allem zu einer Zeit, in der Du noch keine ausreichende seelische Stabilität hast und man sich in fragilen Lebensverhältnissen befindet. Auch ist es enorm wichtig, jegliche Trigger-Faktoren zu vermeiden und ein sicheres und stabiles Umfeld zu schaffen. Ich weiß genau, wovon ich hier spreche und welche Folgen es hat, dies zu missachten.

Da gibt es natürlich die sprachliche Hürde, die überwunden werden will, denn wie soll sonst eine aussagekräftige Anhörung möglich sein? Es hing so viel davon ab, was im Rahmen der Anhörung geäußert wurde, also warst Du bemüht, Dolmetscher zur Verfügung zu stellen. Viele berichteten mir allerdings, dass zahlreiche dieser Dolmetscher kaum die jeweilige Heimatsprache der Antragsteller_innen sprachen, was erhebliche Auswirkungen hatte. Es gab oft große inhaltliche Abweichungen zwischen Aussage und Übersetzung, die in zahlreichen Asylverfahren zu Ablehnungen des Asylantrages führten. Die Übersetzungen stimmten schlichtweg nicht, weil Du einen großen Mangel an kompetenten Dolmetschern hattest. Dennoch stand die »Massenabfertigung« von Asylanträgen im Fokus. Der gesellschaftliche Druck, die Anzahl an Flüchtlingen zu reduzieren und die »Asyl-Obergrenze« einzuhalten, war enorm. Fremdsprachen waren also ein entscheidender Faktor, und Du sagst ja immer, dass Sprache so wichtig sei. Sorry, oder meinst Du nur die deutsche Sprache?

Du, Deutschland, hast also entschieden, was diese Menschen zuerst brauchen, oder hast Du nicht doch entschieden, was Du brauchtest und vor allem, dass es erst mal oberstes Gebot ist, die Ordnung nicht durcheinander zu bringen?

Angemessener Wohnraum, Familienzusammenführung und gesundheitliche Unterstützung sind völlig überbewertet und müssen erst mal hintenanstehen. Klar, das geht nicht so schnell, das verstehe ich. Wie denn auch? Sprachkenntnisse sind wichtiger, und gleichzeitig sind es Deine mangelnden Sprachkenntnisse, liebes Deutschland, die Probleme verursacht haben und eine psychotherapeutische Behandlung für diese Menschen unmöglich machten. Ich fand es schon sehr befremdlich, dass wir die Mehrzahl derer, die aus dem Krieg zu uns geflüchtet sind, erst mal sofort zu Integrationskursen verpflichteten, zumal die Inhalte Deiner Integrationskurse noch viel Luft nach oben bieten. Wahrscheinlich wolltest Du damit die verängstigten Mitglieder Deiner Gesellschaft beruhigen, oder? Mir kannst Du es sagen, Deutschland! Die Angst vor unintegrierten Ausländern ist eine wirklich schreckliche Angst, ich weiß! Als gäbe es in anderen Ländern keine Integration, sozialen Normen oder sonstigen moralischen Werte, und die Menschen treffen zum ersten Mal auf andere Menschen. (Ich darf keine anderen Menschen essen, ich darf keine anderen Menschen essen, ich darf keine anderen Menschen essen.)

Trotz schrumpfender biodeutscher Geburtenzahlen hat die Migration angeblich viele Nachteile für Dich, dennoch hast Du den Mehrwert der Globalisierung längst erkannt und zu Deinem Vorteil gemacht, deshalb bist Du im internationalen Wettbewerb ganz weit oben, aber Deine nationalen Strukturen behältst Du bei? Hm, wo ist denn da die Wechselseitigkeit? Deine Definition von Wechselseitigkeit ist meist eher mit Sanktionen verbunden und macht vielen Menschen Angst. Die Angst entstand zeitgleich mit

Deiner Migrationspolitik. Auch mein Vater zählte zu den Menschen, denen Integration, DEINE Form von Integration, große Angst bereitet hat und es noch tut. Lass uns an den Anfang zurückkehren, Deutschland. »Zurück zu mir« bedeutet immer auch »zurück zu Dir«, denn, ja, Deutschland, Du bist da, wo ich herkomme. Aber ganz so weit sind wir noch nicht.

Als Gastarbeiter entschied sich mein Vater in den 1970er-Jahren, sein damaliges Heimatland Marokko zu verlassen, um Dich wieder aufzubauen. Es ging Dir nicht gut, Deutschland, Du brauchtest Hilfe. Bis auf seine Schlaghose hatte er kaum etwas im Gepäck. Sprachkenntnisse spielten damals keine Rolle, denn für die Arbeit, die er zu verrichten hatte, war Zeichensprache völlig ausreichend, und da Du ihn brauchtest, warst Du flexibel. Seine Berufsbezeichnung ist ein wirklich antikes Stück: Kesselreiniger mit der komplizierten Aufgabenbeschreibung: Kessel reinigen!! Er arbeitete für ein großes Pharmaunternehmen in Nordrhein-Westfalen, dort reinigte er XXXXXXXXL-Kessel. Sein Rücken machte das nicht lange mit, und ein Betriebsunfall zwang ihn Ende der 1980er-Jahre in die Frührente. Nun, wo er nichts mehr leisten konnte, machtest Du Dich sichtbarer denn je und hast eine siebenköpfige Familie mit all ihren vorhandenen Ressourcen (die damals nicht groß waren) voll beschäftigt: Du gabst ihr mehr als deutlich zu verstehen, dass Arbeitslosigkeit nicht bedeutet, nicht zu arbeiten.

So sollte ich bereits im Kindesalter erste Berufserfahrungen in der öffentlichen Verwaltung sammeln. Ich erinnere mich gut an die zahlreichen Arbeitsangebote, die meinem Vater (oder besser gesagt: uns) zugesandt wurden. Immer hieß es: Solltest Du keinen guten Grund haben, den Job nicht anzunehmen, MUSST Du Dich bewerben. Natürlich diente das damals zur Selbsthilfe, kennen wir doch: Hilfe zur Selbsthilfe!! Der Satz hat im Sozialgesetzbuch große Tradition und wird noch heute gelebt – wenn auch nicht geliebt.

Ich habe sehr schnell erkannt, dass es zu keinem Zeitpunkt die Absicht meines Vaters war, schnellstmöglich das nächste Arbeitsangebot anzunehmen. Auch losgelöst von den Aufforderungen gab es eine »Mitwirkungspflicht des Leistungsbeziehers« (grausam, Deutschland, diese Begriffe grenzen wirklich an Körperverletzung!!!), dem Arbeitsamt in regelmäßigen Abständen unaufgefordert eine bestimmte Anzahl von Bewerbungen vorzuweisen. Für einen Mann, der Analphabet ist und bisher bei Dir, Deutschland, nicht mehr als riesige Kessel gesehen hatte, eine echte Challenge. Doch wozu hat man denn Kinder? Fünf Kinder können eine Menge Bewerbungen produzieren, obwohl mein ältester Bruder sich dazu natürlich nicht wirklich verpflichten ließ. Also, schnell erkannt, welches Ziel die Bewerbungen haben sollten – und zwar: schnelle und sichere Absagen –, machte ich mich daran, und so lautete der Abschlusssatz der Bewerbung: »Ich hoffe, dass Sie für einen schwerkranken Mann mit Bandscheibenvorfällen, der auch nicht lesen und schreiben kann, eine gute Beschäftigung haben.« Mein Vater erkannte schnell mein großes Talent und Potenzial.

Dass mich die Inhalte in der Grundschule, die ich zur gleichen Zeit noch besuchte, etwas unterforderten, war verständlich vor diesem Hintergrund. Meine Lehrerin wurde anfangs nicht wirklich schlau aus mir. Meine rebellische

Art machte ihr das Lehren nicht immer einfach, aber als ich bereits in der 3. Klasse die Idee entwickelte, dass »der Staat« doch »Dosenpfand« einführen könne, sah sie mich plötzlich mit ganz anderen Augen und dachte sich: »Der Krauskopp ist doch nicht so dumm.«

Vieles versuchte ich bereits in der Grundschule zu kompensieren und machte meiner Umwelt klar, dass ich mich nicht darauf reduzieren lasse, Zwei-Streifen- oder Victory-Schuhe zu tragen, und auch nicht darauf, dass ich an der Fahrradprüfung nicht teilnehmen konnte, weil ich kein Fahrrad hatte. Es ist nicht so, als hätte mich das nie verletzt und traurig gemacht, aber ich verglich mich oft mit meinen Geschwistern und erkannte, dass geteiltes Leid nun mal halbes Leid ist, liebes Deutschland. Bezogen auf die Fahrradprüfung war es ganz sicher meine älteste Schwester, die das größte Leid ertragen musste. Mein Vater hatte ihr ein Fahrrad besorgt, allerdings gab es da ein kleines Problem: Es hatte drei Räder. Eins vorne und zwei hinten. Ein Dreirad für Erwachsene. Wie um Himmels willen soll man damit eine Fahrradprüfung bestehen? Kurvenfahren war ein Ding der Unmöglichkeit!!! Es war also definitiv besser, kein Fahrrad zu haben.

Ich schnitt aber oft nicht besser ab. Am ersten Schultag gibt es ja die Besonderheit der Schultüte, das ist eine schöne Sache, Deutschland. Meine Mutter erkannte das und wollte mir eine Freude bereiten. Da ich nicht im Kindergarten war, wurde keine Schultüte gebastelt, wir mussten eine kaufen, und die Teile waren schweineteuer (zumindest war es damals viel Geld für uns). Meine Mutter investierte dennoch ihr letztes Geld, es reichte für eine Mini-Schultüte, über die ich mich im ersten Moment sehr freute. Doch auf dem Schulhof angekommen, wollte ich mich bei dem Anblick der anderen riesigen Schultüten am liebsten in Luft auflösen. Dennoch verspüre ich noch heute eine so tiefe Dankbarkeit gegenüber meiner Mutter, die immer versuchte, irgendwie alles möglich zu machen, die aber die Menschen da draußen nicht ändern konnte. Ja, Deutschland, auch deshalb ist sie mein Vorbild!

Weißt Du, viele Menschen, die wie ich aufgewachsen und sozialisiert sind, haben den ersten Schultag als einen ganz besonderen Tag abgespeichert. Sprich mit ihnen, und Du wirst viele interessante Geschichten hören. Dazu fällt mir auch der erste Schultag meines ältesten Bruders ein. Mein Vater war der Ansicht, es sollte ein ganz besonderer Tag werden, er nahm das Thema Schule sehr ernst, obwohl seine eigene Schulkarriere bereits früh endete. Wie also kann man besser die elterliche Ernsthaftigkeit in Bezug auf Schule unterstreichen, als sein Kind mit Aktenkoffer und Sakko zur Schule zu schicken? Natürlich hatte mein Bruder direkt den Respekt, der ihm seiner Meinung nach auch zustand! Ohne Sprache war es schwer, ein Held zu sein, Sakko und Aktenkoffer schafften Abhilfe. Ich bin dennoch überzeugt, dass die Absicht meines Vaters eine wirklich gute war – nur aus einer anderen Welt. Zumindest damals noch. Ja, die Welt meiner Eltern war anfangs eine andere als die vieler anderer, und der Begriff »Gastarbeiter« war aus ihrer Sicht mehr als zutreffend, denn sie wollten Gäste sein und bleiben. Allerdings war ihr Verständnis von Gastfreundlichkeit auch ein anderes. Es ging nicht um die Suche nach einer neuen Heimat, nicht um die Veränderung von Identität, nicht um Anpassung, Integration und vor allem nicht darum, deutsch zu werden. Es herrschte stilles Einvernehmen darüber, welche Art von Beziehung Du mit ihnen führtest, Deutschland. Es war eine Art Zweckgemeinschaft auf Zeit, und es gab auch für meine Eltern ein Ziel, und zwar im Rentenalter nach Hause zu gehen, doch mit »zu Hause« warst damals nicht Du gemeint, Deutschland. Darüber schaffe ich Transparenz, da will ich ehrlich zu Dir sein. Ich bin mir sicher, das verletzt Dich nicht, oder?

Wie groß war doch die Sehnsucht nach dem, was für meine Eltern wirklich Heimat war! Somit war auch klar, dass wir jedes Jahr die gesamten Sommerferien »zu Hause« in Marokko verbrachten. Es hieß also unmittelbar nach dem letzten Schultag: Ab in den Mercedes-Bus! Ohne Klima, und das für ganze 2.400 Kilometer. Warme Flirt-Getränke (für die, die es nicht wissen: die Eigenmarke von Aldi) und wirklich grausame Musik. Mein Vater hat da einen extravaganten Musikgeschmack – bis heute. Hier hätte ich Dich wirklich mehr gebraucht, Deutschland. Mir wären die Wildecker Herzbuben lieber gewesen. (Herzilein, du musst nicht traurig sein...)

In unserer Siedlung war es normal, dass praktisch alle Familien mit Migrationshintergrund in den Sommerferien in die Heimat fuhren. Die einen mit dem Mercedes und die anderen mit dem Transit, das liegt nun lange zurück und hat sich heute verändert. Heute reisen »wir« häufiger auch zu vielen anderen Zielen der Welt, das hat ganz unterschiedliche Gründe. Die Vorstellung, dass es für »uns« jedes Jahr mit dem Bus in die Heimat der Eltern geht, scheint aber immer noch bei einigen vorhanden zu sein. Letztes Jahr, also 2021, musste meine Tochter, die inzwischen

12 Jahre alt ist und ein Gymnasium in Nordrhein-Westfalen besucht, folgende Situation erleben: Kurz vor den Sommerferien wurden die meisten Kinder von den Lehrer_innen dazu befragt, wo sie denn die diesjährigen Sommerferien verbringen werden. Meine Tochter wurde dabei nicht direkt angesprochen, was durchaus okay ist.

Nach der Stunde ergab sich aber noch eine kleine und wirklich interessante Situation zwischen einem Lehrer und meiner Tochter, so fragte er sie: »Und, fahrt Ihr dieses Jahr wieder mit der ganzen Familie in die Türkei?« Sie verneinte in ihrer etwas unterkühlten Art, ohne jegliche Erklärung oder Ausführung. Abgesehen davon, dass meine Tochter keine Türkin ist, sondern meine – nicht ihre! – Wurzeln in Marokko liegen, ging es dann doch nach Südfrankreich.

Deutschland, Deutschland, Deutschland. Der Anpassungsprozess läuft – aber auch Du musst mitlaufen und darfst nicht auf der Stelle trampeln. So wird das nichts mit Deiner Integration!!!!

Aber wir waren ja bei mir und meiner traumhaften Autofahrt nach Marokko. Dem Hitzeschock gerade noch entkommen, kamen wir endlich an, und auch ich verspürte Freude und Aufregung, weil der Großteil meiner Familie dort lebt und wir in Marokko ein großes Haus hatten, das ein Luxus war im Vergleich zu unserer Wohnung in Neuss-Weckhoven, in der wir uns zu fünft ein kleines Kinderzimmer teilen mussten. Sich mit sieben Personen eine Drei-Zimmer-Wohnung zu teilen, Deutschland, zählt zu Deiner Definition von »angemessenem Wohnraum«, wobei zu große Wohnungen nach dem Sozialgesetzbuch – einem wichtigen Teil von Dir – zu unangemessenem Wohnraum zählen. Deutschland, Du verwirrst mich!! Mit der Hilfebedürftigkeit ändert sich Deine Definition von Angemessenheit? Hm, das finde ich wirklich unangemessen!

Doch bleiben wir in Marokko und meiner Freude. Der Ort, aus dem mein Vater stammt, bestand fast ausschließlich aus seiner Familie. 42 Kinder vermehren sich blitzschnell, und schon gehört Dir ein ganzes Dorf. Aber auch wenn wir, die Kinder aus Deutschland, äußerlich dazugehörten, waren wir in Marokko »die Ausländer«, die Deutschen. Die deutsche Sprache fanden die allermeisten auch noch sehr amüsant, und so nutzte man fast jede Situation aus, um uns zu fragen, was dies und jenes auf Deutsch bedeutet, und lachte sich schlapp über unsere Antworten. Da uns äußerlich, aufgrund unseres Kleidungsstils beispielsweise, anzusehen war, dass wir aus Deutschland kamen, wurden uns auch oft erfunden Ausdrücke, die nach Meinung der dort lebenden Marokkaner deutsch klangen, nachgerufen. So etwas wie: »Blingen, flingen, Miken Jekson, Beckenbauer.« Hier musste ich oft den Kopf für Dich hinhalten, Deutschland, gedankt hast Du es mir nie! Die Reisen nach Marokko hatten aber auch ihre kleinen Vorteile, denn es war wichtig, der Familie zu zeigen, dass es uns bei Dir gut ging. Wir zeigten Dich, Deutschland, immer von Deiner besten Seite, und um das zu tun, gab es dann auch mal vor der Reise nach Marokko neue Klamotten, damit wir dem Bild von »deutsch sein« auf jeden Fall entsprachen.

Das Dorf, aus dem meine Mutter stammte, war für mich immer DAS Highlight der Reise, weil die Menschen dort für meinen Geschmack nicht so konservativ waren und das Haus meiner Großeltern mütterlicherseits inmitten dieses wunderschönen Dorfes lag, umgeben von den tollsten Bergen. Wäre da nur nicht dieses Toilettenproblem gewesen. Es gab irgendwann Plumpsklos, aber vorher einfach nur seeehr viel Natur, um jegliche Geschäfte zu verrichten. So lange genug Toilettenpapier (eigentlich hartes Zeitungspapier) vorhanden war, war alles gut, aber die Steine, die wir notfalls nutzen mussten, um uns nach dem Stuhlgang zu säubern, puh, die haben ihre Narben hinterlassen. Ich liebte diese Natur dennoch, und vor allem liebte ich es, meine Mutter so glücklich zu sehen. Ihre Sorgen schienen wie weggezaubert, wenn sie in der Nähe ihrer Eltern war, und ich sah, wie stolz meine Großeltern auf sie waren. Hier war sie fernab von Überforderung, Ausgrenzung und Einsamkeit, und daher war der Abschied von ihren Eltern immer so unbeschreiblich schwer und herzzerreißend. Die Tränen meiner Mutter hatten ihre eigene Sprache, und ich wusste, dass sie sagten, was sie nie laut sagen würde, und zwar, dass sie nicht zurück möchte. Nicht zurück in das Land, das sie in Macht- und Hilflosigkeit versetzte, aber: »Das versteht ihr nicht«, sprachen die Tränen. Wer will denn bitte nicht nach Allemagne? In das Land, wo das Geld auf Bäumen wächst und man keine Sorgen hat?!

Ich freute mich trotzdem wieder auf Dich, Deutschland, auch wenn Du mich nicht mit offenen Armen empfingst. Ich freute mich auf meine Hood, auf die mir vertraute Umgebung mit all ihren Eigenarten. Ja, ich nenne es Heimweh...

Geboren wurde ich 1982 in Dormagen, verbrachte da aber nur das erste Jahr meines Lebens. Auch wenn meine Geschwister an Dormagen/Nievenheim noch eine sehr lebendige Erinnerung haben, begann meine Zeit erst in Neuss. Wir lebten in einer Siedlung mit einem hohen Anteil an Menschen mit Migrationshintergrund und/oder sozial schwachen Familien. Verbindung und Gemeinsamkeit entstanden durch die gemeinsame Überforderung. Eine Überforderung, die Teil unseres Alltags war, und somit kreierten wir eine neue Normalität, in der es normal war, keine Hoffnungen in Deine Hilfe und Unterstützung zu setzen, denn diese drang sowieso nie zu uns vor. Also dachten wir uns: »Scheiß auf Dich, Deutschland!« Denn, Deutschland, hier machtest Du Dich unsichtbar, oder machtest Du uns unsichtbar?

In dem Mehrfamilienhaus, in dem wir lebten, herrschten auch Gewalt und Kriminalität, und somit war auch das Teil unserer Normalität. Hier musste man sich nicht schämen, wenn man mit dem Gesetz in Konflikt geriet, denn die Polizei war häufig Gast in unserer Hood. Fantasie half uns dennoch, die Überforderung abzuspalten, und wir versuchten, Kinder zu bleiben und wie Kinder zu leben. Wir bauten Höhlen, stahlen Maiskolben, Äpfel und Kirschen (hoffentlich sind diese Straftaten inzwischen verjährt, Deutschland), spielten Völkerball, Brennball und Gummitwist, das alles auf der großen Wiese hinter unserem großen Mehrfamilienhaus. Ich erinnere mich gerne an diese Momente zurück und daran, wie ich als Kind regelmäßig zu dem Balkon im Erdgeschoss blickte, auf dem meine Mutter stand und uns beobachtete, das gab mir große Sicherheit, die maximale Sicherheit, die eine Mutter geben konnte.

Hin und wieder rief sie mich und bat mich, den Vögeln Brot zu geben. Brot, das wir nicht mehr aßen. Wenn das trockene Brot an die Vögel ging, wussten die Kinder aus meiner Hood, dass meine Mutter frisches gebacken hatte. Wenn ich die Augen schließe, rieche ich noch heute den

Duft ihres frisch gebackenen Brotes und sehe, wie sie es in ihren bunten marokkanischen Brotkorb ablegte und dieses mit einem Tuch abdeckte. Alle liebten ihr Brot, was zu folgendem Vorfall führte: Bei uns wurde in die Wohnung eingebrochen! Die Tür stand noch offen, als wir nach Hause zurückkehrten. Das war im ersten Moment ein großer Schock für uns. Wir versuchten festzustellen, welche Wertgegenstände entwendet wurden. Na ja, viele hatten wir eh nicht, und der riesige Kühlschrank, der auf unserem Balkon stand, war definitiv nicht weg. Da bemerkte meine Mutter, was fehlte: Es war ihr frisch gebackenes marokkanisches Brot!! Da ich hier kein Persönlichkeitsrecht verletzten möchte, werde ich den Dieb nicht namentlich benennen, aber wir wissen wer Du bist!

Wir wuchsen auf in Vielfalt. Aber für Dich, Deutschland, war es Einfalt, denn Du bündeltest uns nach unseren vermeintlichen Schwächen. Du sahst lediglich: sprachliche Defizite, Alkoholismus, häusliche Gewalt und einige Kinder und Erwachsene mit körperlichen und geistigen Behinderungen. Das riesige Potenzial, das Talent, das in uns steckte, und die Überlebenskunst, die wir selbst kreierten, blieben Dir verborgen. Wie schade für Dich, Deutschland. Natürlich erkannten wir, dass wir nicht alle gleich waren und es Unterschiede gab, aber sie führten nicht zur Ausgrenzung, denn meist fokussierten wir uns auf unsere Gemeinsamkeiten. Etwas, das ich Dir auch empfehlen würde, Deutschland. Ich sage nicht, dass wir als Kinder immer fair waren und überhaupt keine Unterschiede machten und dass es uns nicht auffiel, wenn Kinder mit starken geistigen Behinderungen orientierungslos versuchten mitzuspielen und wir teils erschrocken darüber waren, wenn sie mit unterschiedlichen Schuhen und unübersehbarem Speichelfluss hemmungslos auf uns zuliefen und die Eltern immer wieder auf Türkisch versuchen, die Kinder einzufangen. Meist waren diese Versuche sehr robust. Sie gehörten dennoch irgendwie dazu und sie passten in die Welt, die Du für uns bautest, Deutschland. Es beweist, wie pauschal Du selektiertest oder auch nicht, aber es wertet uns nicht ab. Das ist zu individuell, und auch wirtschaftliche Schwäche ist kein Merkmal, das Menschen so verbindet, wie Du es tust. Schon alleine deshalb nicht, weil wirtschaftliche Hilfsbedürftigkeit aus den unterschiedlichsten Gründen eintreten kann und Bedürfnisse individuell bleiben, liebes Deutschland. Da musst Du wohl genauer hinschauen, oder schielst Du etwa?

Natürlich waren unsere kreativen Ideen nicht immer fair, und unsere Nachbarin, Frau Lambertz, die ebenfalls geistig und körperlich eingeschränkt war, musste für ihre Beschimpfungen oftmals den Preis zahlen, dass man ihr die Krücke wegzog und sich darüber amüsierte. Ihre Lieblingsbeschimpfung war: »Ihr Paselacken, geht doch endlich dahin zurück, wo ihr hergekommen seid.« Wie oft musste sich meine Mutter ihre Beschwerden und ihr Gebrüll anhören, aber Mama hatte die Ruhe und Gelassenheit, für jeden Verständnis zu entwickeln, in der Regel auch für Frau Lambertz.

Dann gab es jenen Tag, als es wieder Sturm klingelte. Meine Mutter ahnte bereits, dass es nur die Nachbarin sein könnte, und öffnete ihr in ihrer freundlichen und zuvorkommenden Art die Türe. Dass Frau Lambertz direkt versuchte, in unsere Wohnung zu stürmen, und völlig außer sich schrie »Wo ist der Lockenkopf? Wo ist der Lockenkopf?«, überschritt dann auch die Grenze meiner Mutter. Ach ja, der Lockenkopf ist mein Bruder, mein zweitältester, und sein Merkmal war der Lockenkopf. Ich erinnere mich noch, wie er einmal völlig erschrocken aus der Schule kam, weil er während des Schwimmunterrichts merkte, dass seine Haare trocken blieben, obwohl er tief im Wasser tauchte. Krasser Scheiß!

Draußen waren wir frei, ich war sehr gerne draußen, und das schon sehr früh. Meine Freundin Janine wurde am Wochenende immer um 7.30 Uhr von mir geweckt und mit ihr natürlich ihre gesamte Familie. Ihre Versuche, mich davon zu überzeugen, lieber erst um 10.00 Uhr zu kommen, waren zwecklos. Halb acht fand ich gut. Die Ungeduld hat bis heute angehalten.

Es gab aber auch diese Momente zu Hause, die ich gegen nichts eintauschen möchte. Die Tage, an denen wir eingekuschelt mit meiner Mutter vor der Heizung saßen, unsere Füße wärmten und heiße Kastanien aßen oder Kürbiskerne schälten. Diese Tage waren mir die liebsten. Wie gerne würde ich einen dieser Tage noch mal erleben.

Zu Hause wurde mit meiner Mutter ausschließlich Marokkanisch gesprochen. Unter uns Geschwistern sprachen wir ausschließlich Deutsch. Manchmal frage ich mich, ob es für meine Mutter nicht hilfreicher gewesen wäre, wenn wir mit ihr mehr Deutsch gesprochen hätten, vielleicht hätte es sie noch mehr bestärkt und viel selbstständiger gemacht. Eine Situation bestätigte auf jeden Fall meine Vermutung, dass wir bestimmte Bezeichnungen lieber hätten übersetzen sollen: Es war einer der für uns normalen Tage, und wir saßen mit fast allen Geschwistern in unserem Kinderzimmer. Mein ältester Bruder war nicht da. Ich starrte in dem Moment die Küchentapeten an. Die, die in unserem Kinderzimmer angebracht waren. Überall Gemüse, vor allem große Zwiebeln. Es waren die Reste von der Küche, und weil das Kinderzimmer auch noch Tapeten benötigte: Einfach an die Wand damit. Es klingelte, und ich hörte, wie meine Mutter die Türe öffnete. Da stand Andreas, er fragte nach meiner ältesten Schwester. Meine Mutter antworte ihm nicht direkt, sondern nahm sich Zeit, sie überlegte erst und sagte dann: »Kommst Du, Lippen-Jonny für Dich.« Andreas hatte eine Lippen-Gaumen-Spalte, aber weil alle in der Siedlung ihn nicht bei seinem richtigen Namen nannten, war meine Mutter der festen Annahme, dass sein richtiger Name »Lippen-Jonny« sei...

Als jüngstes von fünf Kindern war es nicht immer einfach für mich, dennoch hatte es auch viele Vorteile, das Nesthäkchen zu sein, so nennst Du das doch, Deutschland. Ich war immer der festen Auffassung, das Lieblingskind meiner Mutter gewesen zu sein, und immer, wenn ich mit meiner Mutter allein war, fragte ich sie danach. Natürlich bestätigte sie mir, dass nur ich ihr Lieblingskind sei, das löste unendliche Freude in mir aus. Meine zweitälteste Schwester war allerdings ebenfalls der Meinung, das Lieblingskind meiner Mutter zu sein und teilte mir in einer unserer Diskussionen mit, dass meine Mutter es ihr gesagt hätte. Das wollte ich so auf keinen Fall akzeptieren, also beschloss ich, das nächste Gespräch der beiden zu belauschen, und dabei kam raus, dass sie uns Kindern allen glaubhaft versicherte, ihr Lieblingskind zu sein.

Für mich war meine zweitälteste Schwester im Kindesalter unbeschreiblich cool, und ich wollte auf jeden Fall so sein wie sie. Koste es, was es wolle. Sie hatte eine Clique, in die fast jeder aus der Siedlung aufgenommen werden wollte. Um Mitglied in ihrer Clique zu werden, musste man zuerst gewisse Mutproben bestehen und Opfer bringen, um zu beweisen, dass man auf jeden Fall cool genug ist, um Teil ihrer Bande zu sein. Die Mutproben hatten es in sich. Ich hatte hier einen kleinen familiären Vorteil und musste für eine Mitgliedschaft in der Crew eine – im Vergleich zu anderen – eher einfache Probe bestehen. Meine Schwester entschied, dass ich lediglich eine Bananenschale essen musste, und dann würde ich dazugehören. Dass ich diese verschlungen habe, ohne zu kauen, ist ja wohl klar. Den bitteren Nachgeschmack habe ich noch heute im Mund. Ich vertraute meiner Schwester blind, das tue ich heute noch.

Als ich sechs Jahre alt war, saßen wir drei Schwestern mal wieder zusammen, und ich beobachtete, wie mich meine zweitälteste Schwester etwas irritiert anstarrte. Ich war sichtlich verunsichert, also fragte ich sie, was denn nicht stimmen würde, darauf antwortete sie, dass sie glaube, ich sei vom Teufel besessen. Ich geriet total in Panik, und weil sie durch regelmäßige Geisterbeschwörungen dem Satan sehr nahestand, bat ich sie, mir bitte zu helfen, und fragte, ob ich denn etwas tun könne, um mich von der Macht des Satans zu befreien. Sie schien sehr konzentriert, dann hatte sie zu meiner Erleichterung ein Rezept, um den Fluch auf schnellstem Wege zuverlässig loszuwerden: »Du musst im ersten Schritt Aprikosenmarmelade um Deine Augen schmieren, aber eine wirklich dicke Schicht. Danach musst Du eine weitere Schicht mit Nutella bilden. Sei auch hier sehr großzügig. Gut einwirken lassen und dann bist Du geheilt.« Gesagt, getan!!!! Wahrscheinlich hätte ich alles gemacht.

Für uns war es sehr wichtig, auch andere Räume zu finden, in denen wir uns als Kinder entfalten und auch mal der Hood entfliehen konnten, daher spreche ich heute in meinen Vorträgen auch häufig über die Wichtigkeit von sozialen Räumen für Kinder- und Jugendliche, wie etwa Jugendzentren. Ich kenne unzählige Menschen, die hier einen Raum finden konnten, der sie bis heute bestärkt. Ich zähle mich zu diesen Personen, und ich liebte das Jugendzentrum »Treff«. Hier konnte ich einfach spielen und Neues entdecken. Töpfern, Kicker, Billard, Ferienspaß und Kinderdisco. Hier war Frieden, hier machte man keine Unterschiede. Hier sahen uns die Sozialpädagogen einfach als das an, was wir waren: Kinder! Völlig losgelöst davon, wo wir herkamen! Das tat uns gut, weil die Überforderung im Alltag uns oft vergessen ließ, dass wir noch welche waren! Warum gelingt Dir das nicht, Deutschland? Wieso gelingt es Dir nicht, diesen Umgang und diese Atmosphäre als Normalität einzuführen? Wieso müssen diese wichtigen Einrichtungen um jeden Cent kämpfen und immer wieder unter Beweis stellen, dass ihre Arbeit noch gebraucht wird? Sie wird gebraucht, verdammt!! Sie ist wichtig!! Sie ist auch wichtig für Dich, dann musst Du irgendwann Deine Menschen nicht mehr unsichtbar machen. Dann haben sie eine Stimme, dann bekommen sie ein Gesicht.

Auch wenn diese Form von Einrichtung meiner Mutter völlig fremd war – schlichtweg deshalb, weil es so etwas in Marokko nicht gab –, hat sie schnell den Nutzen für uns entdeckt und verstanden, dass sie förderlich für eine gesunde Erziehung war. Meine Mutter war sehr stark darin, sich selbst von unbegründeten konservativen Regeln zu lösen, wenn sie davon überzeugt war, dass etwas gut für uns Kinder sei. Sie hielt nicht aus Prinzip an alten Regeln und Normen fest. Die Besonderheit dieser Jugendeinrichtung war, Kindern immer wieder zu Erfolgserlebnissen zu verhelfen und ihre Talente zu entdecken und zu fördern. Man wusste, dass es bei vielen zu Hause kaum Raum dafür gab. Ich liebte die Wettbewerbe, die dort regelmäßig stattfanden, und ich liebte es vor allem zu gewinnen. Ein Erlebnis hat sich bei mir ganz besonders eingeprägt: Ich hatte mich für das Billard-Turnier im Jugendtreff angemeldet und gewann, worüber ich mich ungemein freute. Mit meinem Pokal lief ich schnell nach Hause zu meiner Mutter. Sie freute sich so sehr für mich, dass sie die Trophäe direkt auf unserem Fernseher im Wohnzimmer platzierte. Wir hatten in unserer Euphorie total vergessen, dass auch mein ältester Bruder sie sehen und vor allem lesen konnte, wo ich sie gewonnen hatte. Er unterstützte es ganz und gar nicht, dass wir in den Jugendtreff gingen. Ich sagte doch, es war ein großes Problem, dass er lesen konnte. Wahrscheinlich war der Grund dafür, dass mein ältester Bruder uns den Jugendtreff verboten hatte, weil hier Mädchen und Jungen gemeinsam spielten. Kinder! Ja, da ist natürlich höchste Vorsicht geboten. Außerdem wollte er einfach nicht, dass ihn irgendjemand auf seine Schwestern ansprach. So etwas verstehst Du nicht. Manchmal macht es aber Sinn, Dinge trotzdem zu verstehen, auch wenn man sie nicht akzeptiert.

Ich streite nicht ab, dass in wenigen Deiner Vorurteile ein Funken Wahrheit steckt, Deutschland. Ich wünsche mir aber, dass Du mehr sprechen würdest, mit »MIR«, mit »UNS«, das macht es einfacher, auch für Dich, vertrau mir. Vieles ist komplexer, als es scheint, und manches verstehe und akzeptiere ich auch nicht. Natürlich musst Du akzeptieren, dass es migrationsgesellschaftliche Unterschiede gibt, und Du musst auch verstehen, dass Du nicht alles abwerten kannst, was Dir fremd ist. Vor allem solltest Du nicht alles, was Du abwertest, mit »kulturellen Unterschieden« in Zusammenhang bringen, da machst Du es Dir wirklich viel zu einfach. Sieh genauer hin, pauschalisiere nicht! Ich weiß, dass auch Du auf andere manchmal »komisch« wirkst. Im Ausland muss ich gegen viele Vorurteile, die über Dich herrschen, kämpfen, und manchmal bist Du mir auch ziemlich peinlich. Im Ausland bin ich meist »die Deutsche« und muss Verantwortung für Dich übernehmen, ob ich will oder nicht! Siehst Du, es scheint uns tatsächlich etwas zu verbinden. Sandalen mit Socken sind es definitiv nicht, aber schauen wir uns das doch mal genauer an.

Gehen wir also mal davon aus, dass es UNS und DIE ANDEREN gibt. Sorry, aber ich bestehe darauf, dass in diesem Fall DU mal »die anderen« bist. Irgendwie gibt mir das gerade ein sehr gutes Gefühl (das sind doch nicht etwa Rachegelüste?). Jetzt fange ich leider an mit dem »Othering« (WIR und DIE ANDEREN), meine Kollegen aus der Migrationsforschung werden mich hierfür nicht feiern, aber es geht gerade nicht anders. Was ich beispielsweise beobachte, ist, dass es sowohl bei EUCH als auch bei UNS starke Widersprüche gibt. Voilà, eine weitere Verbindung! Ja, UNS (das wäre ein anderes UNS, ein Gutes) könnten manchmal tatsächlich UNSERE (auch das ist wieder das gute UNS) Widersprüche verbinden. Ein gutes Beispiel für UNSERE (schlechtes UNSERE) Widersprüche ist Folgendes: WIR durften als Kinder zu Hause Horrorfilme wie beispielsweise »Freddy Krueger«, »Die fliegende Guillotine«, »Chuky – Die Mörderpuppe« und »Friedhof der Kuscheltiere« gucken, das war überhaupt kein Thema, auch wenn ich der festen Annahme bin, dass meine heutigen Panikattacken in direktem Zusammenhang damit stehen.

Okay, die marokkanischen Musikvideos, die mein Vater sich fast täglich reinzog, waren auch heftig. Dieses Gekreische der marokkanischen Sängerinnen, in völlig unterschiedlichen Tonlagen, inklusive Headbanging, waren nicht von »schlechten Eltern«. Was aber auf der anderen Seite für meinen Vater nicht ging, waren: Kuss-Szenen oder Frauen mit freizügiger Kleidung im Fernsehen. Da sprang er gleich auf und suchte panisch die Fernbedienung, und wenn er sie nicht fand, stellte er sich einfach vor den Fernseher, sodass wir bloß nichts sahen. Mein Vater hatte da wohl eine ähnliche Panik wie die, die ich verspürte, wenn Freddy Krüger im Fernsehen lief (oder die marokkanischen Sängerinnen). Ja, Deutschland, das ist in der Tat ein Widerspruch.

Und jetzt zu DEN ANDEREN, das bist ja in diesem Fall Du (herrlich!), Deutschland: Du kritisierst und unterstellst, dass »muslimische« Männer ihre Frauen unterdrückten und diese sich nicht frei entfalten dürften. Sie können nicht den Beruf ausüben, den sie wollen, und werden nicht ausreichend wertgeschätzt. Du, Deutschland, verbietest Frauen mit Kopftuch, sich frei nach ihrem Berufswunsch zu entfalten, denn das Kopftuch siehst Du als Hindernis, um bestimmte Berufe auszuüben. Dein Grundgesetz sagt aber etwas anderes. Außerdem zeigen Deine Statistiken, dass Du DEINEN (ganz böses DEINEN) Frauen meist weniger Gehalt zahlst als Deinen Männern. Tja, auch das ist ein Widerspruch, also genau genommen sind es mehrere. Widersprüche sind für Dich aber lediglich schlimm, wenn Sie von DEN ANDEREN kommen. Wenn Du Dich mit UNSEREN Widersprüchen auseinandersetzt, meinst Du natürlich nicht Freddy Krüger & Co., sondern, dass wir fordern, als gleichberechtigter Teil der Gesellschaft wahrgenommen zu werden und dennoch an unseren religiösen Grundsätzen und Ritualen festhalten. Für Dich scheint das eine Art »Integrationswiderspruch« zu sein. Ramadan irritiert Dich immer ganz besonders. Jedes Jahr kommen dieselben Fragen von Dir: »Waaaas? Auch nicht trinken? Nicht einmal einen Schluck Wasser? Ist das denn nicht ungesund? Wie jetzt? Keinen Alkohol? Den ganzen Monat nicht? Davor auch nicht? Gar nicht? Dürft ihr keinen Spaß haben? Das machst du doch nicht freiwillig, oder?«

Wir halten also fest: Es gibt Gemeinsamkeiten! Weißt Du, was uns noch als Gemeinsamkeit verbindet? Für uns beide gibt es jeweils einen schlimmen Ausdruck mit »N«. Wenn das jemand zu uns sagt, dann drehen wir völlig am Rad. Gemeinsamkeiten sind sehr wichtig, und gerne erzähle ich Dir (m)eine kleine Geschichte, die genau das beweist:

Meine Geschwister hatten den Vorteil, dass sie mindestens zu zweit die gleiche Schule besuchten, und dass sie zeitweise Hauptschulen besuchten, hat sie niemals zum Schlechten geprägt. Es wertet sie nicht ab, denn sie blieben, wer sie waren, aber Dich, Deutschland, verstehe ich auch hier nicht. Wenn Du doch der Meinung bist, dass es die Aufgabe von Eltern sei, ihre Kinder bei der geeigneten Schulwahl zu unterstützen, wieso fiel Dir nicht auf, dass dieses Wissen bei einigen Menschen mit Migrationsgeschichte nicht vorhanden war? Nicht etwa, weil sie dumm wären, sondern weil Du kaum geeignete, niederschwellige Informationsangebote zur Schulwahl hattest, und das hast Du auch heute noch nicht. Ich kenne unzählige Menschen, die genau diese Erfahrung machten. Bei der Wahl der Schulform nach der Grundschule war meist das einzige Kriterium: die Schule, die den Eltern bekannt war und/oder in der Nähe lag. Es war also nicht fehlender Wille, die Kinder maximal zu fördern, sondern Unwissenheit aufgrund fehlender Informationen und somit etwas Verständliches, etwas Menschliches und vor allem: auch Dein Verschulden, Deutschland.

Ich hörte meinen Geschwistern immer ganz aufmerksam zu, wenn sie sich nach der Schule über ihren oft lustigen Schulalltag austauschten, und manchmal machte es mich etwas neidisch. Auch wenn sie ganz sicher immer das Beste daraus machten, war da zweifellos diese Stimme, die ihnen sagte, dass sie eigentlich viel mehr könnten – und die Stimme hatte natürlich recht. Meine älteste Schwester nahm sich deshalb fest vor, dass es bei mir anders werden sollte. Sie war der Überzeugung, dass zumindest ich aufs Gymnasium müsse, komme was wolle. Ich sollte es besser haben, sollte gefördert werden. Diese Möglichkeit hatte sie leider nicht, obwohl sie eine Musterschülerin war. Ihr Zeugnis bestand fast ausschließlich aus »sehr gut«, und dennoch war es die bekannte Hauptschule, die sie besuchen musste, und das auch noch zusammen mit meinem ältesten Bruder. Inhaltlich war sie völlig unterfordert, aber ihre freien Kapazitäten nutzte mein Bruder für sich, sodass sie regelmäßig Hausaufgaben für zwei machte. Eine »Win-win-Situation«, wie man sie sich wünscht.

Wir setzten uns also für mich in der Grundschule, bei meinen Eltern und an der weiterführenden Schule ein und sollten belohnt werden, denn ich wurde tatsächlich auf dem Gymnasium angenommen. Meine Mutter freute sich sehr für uns. Ich erinnere mich gerne an die Zeit zurück, als meine Mutter keine Gelegenheit ausließ, um Freundinnen und Nachbarinnen darüber zu berichten, dass ich jetzt auf ein Gymnasium gehe. Egal, ob sie es hören wollten oder schon unzählige Male gehört hatten: Sie erzählte es! Ich liebte es, wenn sie sagte: »Güminasium«, und natürlich wollte ich es schon alleine deshalb unbedingt schaffen. Ich wollte sie stolz machen, das war immer mein Ziel.

Dass es auf einem Gymnasium aber um viel mehr als nur Intelligenz und Potenzial geht, bekam ich mehr als deutlich zu spüren. Du, Deutschland, sorgst schon dafür, dass wir nicht da sind, wo Du Erfolge siehst, Du selektierst sehr früh. Kinder wie ich waren damals nämlich nur selten auf Gymnasien zu finden, und wenn wir es irgendwie dahin schafften, waren wir ein Phänomen. In der Grundschule konnten wir immer irgendwie improvisieren, selbst wenn es dort nicht immer einfach war dazuzugehören, wenn man aus ärmlicheren Verhältnissen kam. Es ist ja dennoch eine Zeit, in der Kinder sich finden und Gruppenbildung noch keine so große Rolle spielt. Mein Problem war eher, dass mir wichtige Materialien fehlten und ich Ersatz kreieren musste. Mal gelang es mir und mal nicht, in den meisten Fällen natürlich nicht. Großer Malblock DIN A3, bedeutet nun mal: GROßER MALBLOCK DIN A3. Der Vergleich zu DIN A5 fiel halt ins Auge. Schade aber auch. Meine Lehrerin hat leider auch nie verstanden, wieso ich in der Grundschule anstatt mit einem Füllfederhalter der Marke Lamy lieber mit einem Kugelschreiber der Marke Bayer geschrieben habe. Bayer war das Unternehmen, für das mein Vater regelmäßig die Kessel reinigte, und die Kugelschreiber erhielt er kostenlos. Ich musste also in der Grundschule immer zusehen, dass ich aufgrund unserer finanziellen Schwierigkeiten oder Äußerlichkeiten nicht ausgegrenzt wurde, einen Platz in der Gruppe hatte und Freunde zum Spielen fand.

Es gab da allerdings ein regelmäßig wiederkehrendes Erlebnis, das es mir besonders schwer machte, Deutschland (das war wirklich keine gute Idee von Dir, aber soweit ich weiß, hast Du Dich inzwischen davon verabschiedet): Früher war es so, dass in regelmäßigen Abständen Mitarbeiter_innen des Gesundheitsamtes in die Schulklassen kamen, unangemeldet, zur sogenannten »Läusekontrolle«. Es war tatsächlich eine Vorgabe von Dir, dass diese Mitarbeiter_innen jedes Kind einzeln im Klassenraum untersuchten, und sollten »Mitbewohner_innen« gesichtet werden, mussten die Kinder nach Hause gehen. Ich war hier immer im Nachteil, weil die Mitarbeiter_innen schon bei dem Anblick meiner grausigen Sturmfrisur sicher waren, da können die Läuse nur in Scharen hausen. Ich musste also mehrere Male den Unterricht verlassen und durfte erst zurück, wenn der Kinderarzt bescheinigte, dass ich frei von Läusen und Nissen sei. Dass danach erst mal ein gewisser Abstand zu mir eingehalten wurde, ist klar, oder? Das lag auch daran, dass der Kinderarzt uns rein prophylaktisch Goldgeist-Läuseshampoo verschrieb, das sogar Tage nach der Anwendung noch bestialisch stank. Ich schaffte es aber immer wieder irgendwie zurück, und wenn nicht, machte ich halt mein eigenes Ding.

Wenn ich in der Grundschule noch cool damit umgehen konnte, dass Zwei-Streifen-Schuhe nicht gerade der Hingucker sind (also zumindest nicht im positiven Sinne), machte mir genau das auf dem Gymnasium die größten Schwierigkeiten. Diese Schule war anders, die Menschen auch. Die allermeisten kamen aus stabilen Elternhäusern mit viel Geld. Eltern, die meist selbst Akademiker waren. Als mir am ersten Schultag die Materialliste ausgehändigt wurde, war klar: Zhora, das wird nicht einfach, und es wird ganz sicher sehr viele unangenehme Momente geben. Improvisieren wird hier nicht reichen. Egal, ich war cool, und das musste reichen! Meine Definition von cool war nur leider sehr weit weg von »deren« Definition, und somit musste ich mich wohl oder übel anpassen, wollte ich nicht diejenige sein, die mit Papierkügelchen bespuckt wird und die Pause ausschließlich alleine verbringen darf. Außerdem musste ich den wirtschaftlichen Unterschied ja irgendwie kompensieren und anders punkten. Ich beobachtete meine Mitschüler_innen also sehr aufmerksam. Ich suchte nach Gemeinsamkeiten, gab das aber sehr schnell wieder auf. Da ich wusste, dass gerade Klamotten viel ausmachten, beschloss ich zuerst, meinen Kleidungsstil zu ändern beziehungsweise anzupassen. Mir fiel auf, dass einige auf dem Gymnasium Hosen mit kariertem Muster trugen, sehr auffällige, wahrscheinlich aus der Metal-Szene. Das waren ganz sicher »die Coolen aus der Schule«. Zumindest wirkten sie auf mich selbstsicher und seeeeehr zugehörig. Also bettelte und flehte ich meine Mutter an, sie solle mir bitte auch so eine Hose kaufen, und ich konnte sie zu meiner Freude überzeugen. Jaaaaa!! Bald würde ich ganz sicher dazugehören!! Ich suchte mir eine Hose mit besonders auffälligen bunten Mustern aus und war so happy! Aber ich vergaß eins: die Leute aus meiner Siedlung. Die sahen mich ja auch mit der Hose, und vor allem sahen meine Geschwister mich, und die waren über den Anblick mehr als amüsiert. Meine zweitälteste Schwester war besonders kreativ, wenn es darum ging, sich ausgefallene und lustige Sprüche einfallen zu lassen (daran hat sich bis heute nichts geändert), und sie stellte schnell fest, dass es eigentlich eine »Clowns-Hose« war, in der ich lächerlich aussähe. Wann immer ich mich also entschloss, die Hose anzuziehen, hörte ich, wie sie im Hintergrund laut die Melodie einer Clowns-Musik nachträllerte.

Ich kämpfte also jetzt an mindestens zwei Fronten, war aber noch nicht bereit aufzugeben. Zugegeben: Ich sah wirklich ziemlich schräg in der Hose aus, keine Frage, etwa wie der Rapper 2Pac Shakur (R.I.P) in pinken Leggings. Trotzdem wollte ich diesen überaus wichtigen Kampf um Zugehörigkeit auf keinen Fall aufgeben, also suchte ich nach weiteren Merkmalen. In der Pause stellte ich mich unauffällig mit meiner »Clowns-Hose« in die Nähe einer wirklich zugehörigen Gruppe und lauschte aufmerksam, worüber sie sich austauschten. Ich schnappte voller Freude eine überaus wichtige Information auf: Sie hörten Manowar-Musik, das ist eine amerikanische Metal-Band (das weiß ich heute). Mein Musikgeschmack entsprach eigentlich eher Rap, Soul und Hip-Hop. Unterschiedlicher konnte es also nicht sein. Natürlich besorgte ich mir die Kassetten von Manowar, stahl meinem Bruder den Walkman und hörte im Bus auf dem Weg zur Schule und vor allem auf dem Schulhof in voller Lautstärke diese grausame Musik. Ich bin der festen Überzeugung, dass sie der Auslöser meiner ersten Migräneattacke war. Da siehst Du mal, Deutschland, wozu Du Menschen bringst.

Raphael, ein ziemlich cooler Junge mit Raffzähnen (cool und Raffzähne funktionierte auf dem Gymnasium), entdeckte, was für Musik ich hörte, und sprach mich an. Ich war höchst erfreut darüber! Auch, weil ich jetzt endlich einen Grund hatte, diesen Lärm abzustellen. Aber das Gespräch mit Raphael half mir, diesen Kampf ganz schnell aufzugeben. Ich sortierte die »Clowns-Hose« also aus und schlüpfte wieder in meine Baggy Jeans.

Am Anfang gelang es mir noch, bei den schulischen Leistungen mitzuhalten. Die Inhalte waren teilweise kompliziert und forderten mich, und weil es keinerlei Unterstützungsmöglichkeiten gab, war die Situation besonders schwer für mich. Ist Dir das eigentlich klar, Deutschland? Du wusstest doch, dass Du Menschen aus einem »fremden« Land geholt hattest und diese noch im zeugungsfähigen Alter waren. Menschen, die gekommen waren, um Dir zu helfen, und Du wusstest auch, dass zu Deinen Voraussetzungen niemals ein vorhandener Spracherwerb oder ein bestimmter Bildungsstatus zählten. Wo, dachtest Du, kommt die Hilfe für diese Menschen und deren Kinder her? Hast Du überhaupt mitgedacht? Wahrscheinlich hast Du es nicht gesehen, das Problem war ja unsichtbar, wir waren ja unsichtbar.

Zu den ohnehin schwierigen Verhältnissen kam die Erkrankung meiner Mutter hinzu. An diesen Lebensabschnitt erinnere ich mich genau, versuche aber noch heute, ihn von meinem Leben abzuspalten, denn es ging um den Menschen, der mir den einzigen emotionalen Halt gab, den ich hatte. In mir löste diese gemeine Krankheit unbeschreibliche Ängste aus. Schon lange vorher erzeugte der Gedanke, dass meine Mutter uns irgendwann verlassen könnte, eine enorme Panik in mir. Ich verdrängte diesen Gedanken, wann immer es mir möglich war. Im Alltag spaltete ich also ständig meine inneren Schmerzen ab, versuchte zu verdrängen, aber natürlich machte das etwas mit mir und meinen Leistungen und meinem Verhalten in der Schule, und das bedeutete: eine Extrarunde für Souad Lamroubal aka Savad Tangoball.

Was denkst Du eigentlich, Deutschland, wer die Gespräche mit Ärzten übersetzt für Menschen, die aus solchen Haushalten kommen wie ich? Menschen, deren Eltern nun mal nicht über ausreichende Deutschkenntnisse verfügen, um komplexere Gespräche zu führen. Gespräche, bei denen es um schwere Diagnosen geht? Gespräche, die einem komplett den Boden unter den Füßen wegreißen? Bist Du da, Deutschland? Für mich und viele andere warst Du es nicht. Deine Anforderungen waren dennoch die Gleichen wie an »die anderen«, und der übliche Wahnsinn mit all seinen tückischen Herausforderungen lief weiter.

Deine Verwaltung war dafür stets präsent. Du hast ein wirklich stabiles System, und dies funktioniert ganz nach Deinen Vorstellungen, Du kannst stolz sein. Neben der Überforderung durch die schwere Erkrankung meiner Mutter hatte ich also eine ganze Reihe weiterer Aufgaben zu bewältigen und musste dennoch irgendwie funktionieren. Auf dem Gymnasium gab es eine Englisch-Lehrerin, die selbst vor Jahren schwer erkrankt war, und nachdem sich mal wieder einige Lehrer_innen über mein unmögliches Verhalten beschwert hatten, wurde die Erkrankung meiner Mutter bekannt. Ihr Schicksal bewegte meine Englisch-Lehrerin sehr, und sie versuchte, mich irgendwie zu unterstützen. Aber ich ließ sie nicht an mich heran, wollte lieber alles mit mir alleine ausmachen, das tat ich oft und tue es teilweise immer noch. Ich war diese Art von Hilfe und Mitgefühl von Fremden einfach nicht gewohnt und lernte schon sehr früh, mir selbst zu helfen oder Probleme so lange zu verdrängen, wie es nur ging. Mir fehlte das Grundvertrauen in Außenstehende, weil mir diese Strukturen schlichtweg fremd waren, und auch heute verlasse ich mich am liebsten auf mich selbst. Irgendwann gab meine Lehrerin mich auf, und ich weiß, dass es ihr nicht leichtfiel, aber ich wollte und konnte es nicht anders. Nachdem ich also das Schuljahr wiederholt hatte, konnte ich nur noch scheitern, weil sich an meiner persönlichen Situation rein gar nichts verbesserte, was dazu führte, dass ich das Gymnasium verlassen und auf eine Ganztagsrealschule wechseln musste.

Anfangs war ich noch bemüht und profitierte von dem Vorsprung, den ich durch den Besuch des Gymnasiums hatte, aber das hielt nicht lange an, da der Tod meiner Mutter mich völlig aus der Bahn warf. Mit Dir darüber zu reden, fällt mir wirklich nicht leicht Deutschland. Ich hoffe, Du weißt mein Vertrauen zu schätzen. Es war nicht so, als wäre ich darauf nicht vorbereitet gewesen, die Ärzte gaben ihr nicht mehr viel Zeit, und da ich vieles übersetzte, war mir bewusst, dass es wohl keine Heilung mehr für sie geben würde. Ich glaubte dennoch irgendwie an ein Wunder, wahrscheinlich deshalb, weil ich mir einfach nicht vorstellen konnte, wie ein Leben ohne sie funktionieren soll.

Für viele Menschen aus der Generation meiner Eltern steht fest, dass sie in ihrem Heimatland begraben werden möchten, das war auch der absolute Wille meiner Mutter. Manchmal finde ich es schade, dass ich nicht einfach ihr Grab besuchen kann, aber ich verstehe und respektiere ihren Wunsch sehr. Die Trauerfeier war in Marokko, und ich nahm teil. Es gibt einige Dinge, die ich an marokkanischen Traditionen so gar nicht verstehe, Deutschland, und die mich in der Zeit der Trauer erschreckt und im Nachgang wütend gemacht haben. An der Beisetzungsfeier nahmen unzählige Menschen teil. Viele von ihnen kannte ich nicht, und es waren genau diese unbekannten Gesichter, die sich ganz besonders in Szene setzten. Wieso um Himmels willen muss man sich auf dem Boden walzen, die Haare raufen und irgendwelche Formen epileptischer Anfälle inszenieren, um seine tiefe Trauer um einen verlorenen Menschen zu zeigen? Mich hat dieses Verhalten nur noch mehr traumatisiert, vor allem, weil ich beobachtete, dass es genau diese Menschen waren, denen es keine Probleme bereitete, nach der Showeinlage ganze Fleischklötze zu verschlingen. Die Menschen, die mir vertraut und wirklich in tiefer Trauer waren, hielten von dieser Tradition, sofern es denn tatsächlich eine ist, ebenfalls nichts.

Ja, so in etwa ist es gewesen, Deutschland, und das war sicherlich die entscheidende Zeit in meinem Leben, die mich prägte und veränderte, aber auch nur der Anfang einer sehr schweren Phase sein sollte. Ich werde Dir noch mehr erzählen, gib mir bitte etwas mehr Zeit, mein liebes Deutschland...

Ich suchte also nach Möglichkeiten, mich aus dieser Ohnmacht zu befreien, und da ich feststellen musste, dass weder Partys noch sonstige Dummheiten über den Verlust meiner Mutter hinweghalfen, wollte ich etwas Nützliches machen. Dieser Prozess dauerte in echt natürlich ein bisschen, aber im Kern war es das: Ich wollte Menschen helfen, die aus ähnlichen Verhältnissen stammten wie ich und mit ähnlichen Überforderungen zu kämpfen hatten. Da ich Deine Stadtverwaltungen damals schon sehr viel besser kannte als die meisten biodeutschen Menschen meines jugendlichen Alters, wusste ich ja, wie existenziell sie sind. Flexiblere Strukturen in der Kommunalverwaltung hätten uns früher – und damit bestimmt auch viele andere Menschen – glücklicher gemacht. So reifte in mir der Gedanke, in Deiner Verwaltung mitzuwirken. Und Du musst wissen: Egal wie kritisch ich in unserem Buch wirke, ich habe diese Entscheidung nie bereut. Früher ahnte ich aufgrund eigener Erfahrungen, dass unzählige Menschen an genau diesen Strukturen verzweifelten, heute weiß ich es, und jeder Veränderungsprozess, an dem ich mitwirken darf, macht mich glücklich und zufrieden.

Heute, nach 16 Jahren in mehreren Abteilungen Deines Verwaltungsapparates, muss ich immer noch sehen, dass Emotionen und Empathie »auf dem Amt« eine eher untergeordnete Rolle spielen, und manchmal kann ich die Distanz, mit der viele Kolleginnen und Kollegen ihre Kundinnen und Kunden betrachten und behandeln, sogar verstehen, denn auch dahinter stecken Ängste. Vielleicht kann man schwierige und belastende Entscheidungen über Menschen nur treffen, wenn man den nötigen Abstand zu diesen Menschen pflegt. Aber ich denke, dass es auch anders geht, dass ich Menschen weder auf Abstand halten noch »erziehen« muss, damit sie negative oder ablehnende Entscheidungen akzeptieren oder mir einfach nur die nötigen Nachweise vorlegen. Ich will mir nicht die Machtverhältnisse einer Stadtverwaltung gegenüber »den anderen« zunutze machen, vor allem, weil ich nie vergessen werde, wie es war, auf der anderen Seite zu stehen. Dieses Gefühl von Sensibilität möchte ich mir auf ewig bewahren. Ich kann keinesfalls für alle Bereiche einer Verwaltung sprechen, dafür fehlt mir die Erfahrung, aber sicher für viele wichtige, und dazu zählen für mich neben dem Arbeits- und Sozialamt vor allem das Ausländeramt und das Integrationsamt.

Es ist dennoch so, dass ich nicht mit dem Finger auf die Verwaltung zeige, denn alles was ich hier an Deiner Verwaltung kritisiere, ist ja auch eine Kritik an mir, und ich spreche lediglich aus meiner Perspektive. Meine Motivation, Beamtin zu werden, war und ist also der Wunsch nach Veränderung und Anpassung an die migrationsgesellschaftliche Realität und nach Modernisierung, ja, darin unterscheiden wir uns, Deutschland, denn manchmal zeigst Du mir allzu deutlich: Du willst, dass alles so bleibt, wie es ist! Gibt Dir das mehr Sicherheit? Es existieren Bereiche innerhalb Deiner Verwaltung, die mir nicht leichtfallen. Manchmal erdrückt mich die starre Struktur, dann wiederum entwickle ich die größte Leidenschaft für bestimmte Fachbereiche. Wir hatten wirklich gute und erfolgreiche Zeiten miteinander, liebes Deutschland, Möglichkeiten, in denen ich viele sinnvolle Projekte für die eine oder andere Kommune umsetzen durfte. Ich möchte da aber sehr ehrlich zu Dir sein und Dich auch nach Deiner Motivation fragen, denn wer weiß, wann wir mal wieder miteinander reden.

Mir ist da nämlich eine Sache aufgefallen, die mir keine Ruhe lässt und Fragen in mir aufwirft, und wer könnte mir diese Fragen besser beantworten als Du? Wieso ist es Dir in den letzten Jahren so wichtig geworden, dass Menschen, die so aussehen wie ich, Teil Deiner Verwaltung werden? Weil Du langsam, aber sicher ein Problem mit dem Personal kriegst und viele Stellen unbesetzt bleiben? Weil Du Menschen brauchst, die Dir beim Verstehen »der anderen« helfen? Weil die Bereiche, in denen reger Publikumsverkehr mit Menschen anderer Herkunft herrscht, zu den unbeliebten Bereichen Deiner Verwaltung zählen und Deine biodeutschen Beamten diese Stellen ungern annehmen? Weißt Du, wieso ich frage, Deutschland? Mir ist aufgefallen, dass Deine Verwaltungen äußerlich »bunter« wirken, dass es aber kaum Menschen mit Migrationshintergrund in Führungspositionen Deiner Stadtverwaltungen gibt, von Frauen mit Migrationshintergrund ganz zu schweigen. Wie würdest Du die Quote von Menschen mit Migrationshintergrund innerhalb der Stadtverwaltung in Führungspositionen einschätzen? Unter 1 Prozent, oder?

»Wir« sind nur die fleißigen Bienchen im Hintergrund, die allerdings die kreativen Ideen haben. Genau das machen sich leider viele zum Vorteil und nutzen genau das aus. Ich kenne Frauen mit Migrationshintergrund, die Teil Deiner Stadtverwaltung sind und in den Fachbereichen Migration und Integration mitwirken. Sie alle sind sehr engagiert und lieben das, was sie tun. Sie lieben es zu helfen, und sie haben die Wichtigkeit der kommunalen Migrationsarbeit längst erkannt. Einige von ihnen arbeiten in Kommunalen Integrationszentren oder Integrationsämtern. Alle, die ich kenne, gehen an ihrem Engagement kaputt und stehen kurz vor dem Burnout. Viele von ihnen sind unterbezahlt. Das ist so, weil unverantwortlich mit ihren Ressourcen umgegangen wird, Deutschland. Es ist keinesfalls so, als wären sie nicht imstande, nein zu sagen, sondern, dass immer mehr gefordert wird und ihre Liebe zum Beruf sowie das ausgeprägte Verantwortungsbewusstsein ausgenutzt werden. Wenn man sich ein Stück weit mit der eigenen Geschichte konfrontiert fühlt, durch Situationen innerhalb der Stadtverwaltung, kann es natürlich dazu führen, dass man einen überaus hohen Anspruch an sich hat und Dinge perfekt erledigen möchte. Bei mir ist das so! Hinzu kommt, dass es ja längst nicht üblich ist, dass Menschen mit Migrationshintergrund Teil Deiner Verwaltung sind. Es gibt sie, ja, aber in der Unterzahl, und das führt dazu, dass viele von uns überaus dankbar sind, dass sie bereit sind, vieles zu tun und einfach Angst um ihren Job haben. Ich mag diese Haltung überhaupt nicht, obwohl ich sie verstehen kann. Klar ist für mich: Wir Menschen mit Migrationshintergrund sind für die unangenehmen Bereiche zuständig, und Du nutzt manchmal unsere Kreativität bei der Bewältigung von »migrationsgesellschaftlichen Herausforderungen« aus. Ist es nicht so? Viel Entscheidungsbefugnis haben wir allerdings nicht, denn es gibt da – wie gesagt – immer wieder den weißen Vorgesetzten, der Dinge noch einmal genehmigen muss. Seiner Karriere nützt das – unserer meist nicht. Ich habe das viele Jahre erlebt, und oft kam es mir so vor, als würden Vorgesetzte sich gerade die fehlende

Abgrenzung von Kolleginnen mit Migrationshintergrund gegenüber migrationssensiblen Themen und ihr großes Engagement zum Vorteil machen und sich dann auf den Lorbeeren dieser Mitarbeiter_innen ausruhen. Das ist natürlich auch nicht ohne Einfluss auf die Besoldungsstufe geblieben. Als Beamtin sind die gesetzlichen Vorgaben für Beförderungen streng geregelt. Hier hast Du ein sehr starres Gesetz erlassen, das Dir sicher noch zum Verhängnis werden wird aufgrund des immer höher steigenden Personalmangels in der öffentlichen Verwaltung. Es gibt zahlreiche Fälle von Mitarbeiter_innen im mittleren Dienst, die allerdings Aufgaben des gehobenen Dienstes wahrnehmen. Sie werden aber nur nach ihrer Qualifikation für den mittleren Dienst bezahlt, nicht nach den Aufgaben, die sie tatsächlich wahrnehmen. Ganz fair ist das nicht, Deutschland! Aber was erzähle ich Dir!

Jetzt könntest Du sagen, dass es ja für Verwaltungsmitarbeiter_innen aus dem mittleren Dienst die Möglichkeiten gibt, durch spezielle Verwaltungslehrgänge in den gehobenen Dienst aufzusteigen und dann auch angemessen besoldet zu werden. Tja, wäre es nur so einfach, liebes Deutschland. Die von Dir angebotenen Aufstiegslehrgänge sind Raritäten, und das weißt Du genau, und die Voraussetzungen, um in den Genuss zu kommen, sind sehr hoch. Ist ja alles kein Ding, aber wieso können Mitarbeiter_innen über Jahre die Tätigkeiten ohne diesen Verwaltungslehrgang durchführen, wenn sie doch eigentlich nicht ausreichend qualifiziert sind? Ganz ehrlich: Schon sehr verwirrend, der Scheiß! Mach Dich locker, Deutschland, und blicke über den Tellerrand, bevor es zu spät für Dich ist, und dann ist das Gejammere wieder groß. Du weißt doch: Vorsorge ist besser als Nachsorge.

Ich möchte aber, dass ein kleiner Aspekt nicht verloren geht: Du hast auch kleine positive Veränderungen gemacht, das rechne ich Dir an, Deutschland, denn heute hast Du eine etwas vielfältigere Mitarbeiterschaft als noch vor zehn Jahren. Schauen wir uns doch mal gemeinsam einen wichtigen Bereich der Stadtverwaltung an: die Ausländerbehörde. Eine wichtige Grundlage für diesen Fachbereich ist unter anderem Dein Aufenthaltsgesetz. Da hast Du ein überaus komplexes Gesetz geschaffen, Deutschland, dass zur Steuerung, Kontrolle und Reduzierung – nicht zur Maximierung – von Migration dient. Migration steht für Dich mit Gefahrenabwehr in Verbindung. Wieso eigentlich? Ich verrate Dir ein Geheimnis: Es gibt da vereinzelt Menschen, die den Anspruch an eine Ausländerbehörde haben, diese als Willkommensbehörde auszurichten. Ein unglaublicher Anspruch! Natürlich wird das niemals passieren, dafür wirst Du schon sorgen, denn Du hast entschieden, dass es eine Ordnungsbehörde und keine Willkommensbehörde sein und bleiben soll. Wo sollen wir denn da hinkommen?? Ein Knöllchen kommt ja auch nicht in Geschenkpapier, oder? Ich denke sehr oft, dass es doch besser wäre, Strukturen zu verändern oder einfach abzuschaffen, als unnütze Positionen durch neue Mitarbeiter_innen zu ersetzen. Weißt Du, Deutschland, und deshalb sieht es für viele wahrscheinlich etwas komisch aus, Menschen wie mich als Teil Deiner Verwaltung zu sehen, insbesondere als Teil Deiner Ausländerbehörde. Manche – und das sind nicht die Migrant_innen – sehen mich eigentlich auf der »anderen Seite« und sind irritiert. Insbesondere Kolleginnen und Kollegen innerhalb der Behörde sind oft überfordert mit mir, und manchmal wirkt es, als würden sie mir nicht zutrauen, die richtigen Entscheidungen zu treffen. Als wäre ich chronisch befangen, weil die Leute, mit denen ich arbeite, so aussehen wie ich. Wahrscheinlich sind die alle verwandt mit mir, da muss man also genau hinsehen! Sie verstehen einfach nicht, dass ich einen hohen Anspruch an die Gleichbehandlung von Menschen habe, und dass ich es jenen, die auf eine korrekte rechtmäßige Entscheidung angewiesen sind, nicht grundsätzlich erst mal schwer machen möchte. Verstehst Du mich besser? Natürlich müssen sie am Verfahren »mitwirken«, wie es heißt, aber sie sind nicht die einzigen, die in einer Bringschuld stehen. Als Mitarbeiterin einer Ausländerbehörde ist es beispielsweise meine Pflicht, Menschen richtig zu beraten. Meist fehlt es den Sachbearbeiter_innen entweder an der nötigen Zeit für eine Beratung oder am Interesse. Für so etwas fühlt sich Deine Ausländerbehörde einfach nicht zuständig, und wahrscheinlich ist es auch einfach zu anstrengend. Es ist somit Alltag, dass man als Sachbearbeiter_in einfach schnell entscheiden will und muss und sich nicht noch mit unnötigen Fragen und Beratungen auseinandersetzt. So etwas gehört in eine Willkommensbehörde und nicht in eine Ordnungsbehörde. Sich vorab zu informieren, zählt zu den Aufgaben eines »Ausländers« genauso, wie dafür zu sorgen, dass man einen Dolmetscher mitbringt, sofern die Deutschkenntnisse nicht ausreichend sind. Auch wenn es für beide Seiten nützlich ist, eine vernünftige Kommunikation herzustellen und Missverständnisse und Fehlinformationen zu vermeiden. Dass einige kein gutes Deutsch sprechen, liegt doch auf der Hand, Deutschland. Hallo? Hier erscheinen Menschen, die ganz neu einreisen, und für ihre Einreise waren keine perfekten Deutschkenntnisse erforderlich, oder habe ich da etwas verpasst? Viele Sachbearbeiter_innen beschweren sich auch darüber, dass bei den »Ausländern« so viele Fehlinformationen vorhanden seien oder »die Ausländer« sich ständig auf Aussagen von Freunden, Bekannten oder Verwandten berufen. Das mag ja vielleicht nervig sein und viel Zeit kosten, Deutschland, aber welche anderen Quellen haben sie denn sonst? Natürlich gibt es Beratungsstellen wie die der Caritas oder andere Dienste, die eine Art Migrationsberatung durchführen und zu ausländerrechtlichen Fragen beraten. Diese sind aber nicht ohne Grund völlig überlaufen und überlastet. Die Nachfrage ist hier sehr hoch, weil kaum jemand durchblickt bei Deinem komplexen Asyl- und Aufenthaltsgesetz. Dein Aufenthaltsgesetz ist sehr schwierig in seiner Auslegung und ändert sich immer und immer wieder, sodass Du sogar uns Mitarbeiter_innen vor große Herausforderungen stellst und wir mit Schulungsmaßnahmen kaum hinterherkommen. Für viele Verwaltungsmitarbeiter_innen ist die inhaltliche Überforderung ein Grund, den Arbeitsbereich zu wechseln. Das sollte man sich öfter vergegenwärtigen, bevor man schon bei der ersten Frage »des Ausländers« die Augen verdreht. Immer wieder auf kostenlose Beratungsstellen zu verweisen, macht wenig Sinn. Wir Sachbearbeiter_innen müssen keine ausführliche Rechtsberatung durchführen, das dürfen wir eigentlich nicht, ich weiß, aber vielleicht sollte man zumindest darüber nachdenken, ob es einem wirklich so viel abverlangt, sich der ein oder anderen Frage zu widmen. Ich halte dieses Vorgehen für sehr nachhaltig. Zählt doch eigentlich zu Deinen Lieblingswörtern, liebes Deutschland, oder ist der Ausdruck auch nur Trend?

Nachdem ich die Behörde und den Arbeitsbereich gewechselt hatte, kam ich in ein Team, das mich nach einer sehr optimistischen Phase innerhalb einer Stadtverwaltung wieder auf den Boden der Tatsachen zurückholte und mir verdeutlichte, wie viel in unseren Verwaltungen noch zu tun ist. Es ist nicht so, als wäre die Arbeit im Bereich kommunaler Antirassismus- und Antidiskriminierungsarbeit und interkultureller Öffnung ein Zuckerschlecken. Hier sind es schlichtweg andere Herausforderungen als in der »klassischen Behördenarbeit«. So schwer, wie es erscheint, »den Ausländern« zu erklären, wie die deutschen Gesetze funktionieren, so schwer ist es manchmal nämlich auch, Dir beizubringen, wie die andere Seite denkt, fühlt, funktioniert und sogar, was ihre Rechte sind. Manchmal erkenne ich gute Ansätze und bin voller Hoffnung, dann wiederum muss ich feststellen, dass es Dir nur darum geht, einem Trend unter dem Motto »Diversity Management – Yes, we can« gerecht zu werden, um einfach ein besseres Image zu bekommen, als modere Verwaltung zu gelten oder um sich an gewissen Förderprogrammen des Landes zu beteiligen. Doch: Strukturen in relevanten Bereichen tatsächlich langfristig zu verändern, scheint meiner Erfahrung nach für viele Deiner Verwaltungen eine unmögliche Challenge zu sein.

Einer der Gründe dafür ist sicherlich, dass die Widerstände gegen Veränderungen seitens der Mitarbeiter_innen innerhalb einer Stadtverwaltung einfach zu groß sind. Ich bin im Zweifel darüber, ob die Veränderung tatsächlich gewollt ist, dafür hatte ich schon zu viele Diskussionen innerhalb unserer Verwaltungsstrukturen. Mit interkultureller Kompetenz braucht man da gar nicht um die Ecke kommen, da haben einige so gar keinen Bock drauf. Ist nur lästig und unnötig. Zumindest war das in vielen Gesprächen mein Eindruck. Viele Bereiche fühlen sich durch migrationsgesellschaftliche Veränderungsprozesse innerhalb der Verwaltung kontrolliert und belehrt und gehen somit eher auf Distanz und in Widerstand. Nicht jeder liebt Veränderung, vor allem nicht, wenn diese unseren Arbeitsalltag, aber eventuell auch unsere Haltung, verändern könnte. In Verwaltungen scheint es mir noch viel ausgeprägter zu sein, dass an allen starren Strukturen festgehalten werden soll, liebes Deutschland. Aber ich erlebe auch immer wieder andere Situationen, und genau das ist ja meine Motivation und von daher bin ich sehr dankbar dafür, dass ich mit Kommunen arbeiten durfte und darf, denen es nicht nur um Diversity-Trends geht oder darum, mit einer vielfältigen Stadtverwaltung zu werben, sondern die sich an nachhaltigen Veränderungsprozessen beteiligen wollen.

Ich wollte über die Veränderung von relevanten Verwaltungsstrukturen nicht nur sprechen, sondern daran mitwirken. Durch meine nebenberufliche Tätigkeit als Dozentin am Rheinischen Studieninstitut für öffentliche Verwaltung und an der Fachhochschule, konnte ich einiges an theoretischem Wissen vermitteln, aber es war und ist auch wichtig und sinnvoll, diese neuen Kenntnisse nachhaltig im laufenden Tagesgeschäft zu festigen und unterstützen. Die Kolleginnen darin zu unterstützen, theoretisches Wissen in die Praxis umzusetzen. Arbeitsalltag kann ein richtiges Arschloch sein.

So wechselte ich nach vielen Jahren wieder in die Kommunale (R)Ausländerbehörde. Hat sich dort etwas verändert? Wird hier meine Hilfe durch viele Zusatzqualifikationen, die ich innerhalb der letzten Jahre erworben habe, mehr benötigt? Das war tatsächlich eine bewusste Entscheidung, liebes Deutschland. Ich war gewissermaßen darauf vorbereitet, dass ich mich umstellen muss, aber dennoch hatte ich die Situation, trotz vieler Warnungen, wohl doch etwas unterschätzt. Ich fühlte mich um viele Jahre zurückversetzt und musste daran arbeiten, nicht als die neue Mitarbeiterin rüberzukommen, die alles besser weiß, zumal bekannt war, dass ich als Dozentin am Rheinischen Studieninstitut für öffentliche Verwaltung in Fächern wie Interkulturelle Kompetenz, Soziale Kompetenz und Kommunikation lehre. Das weckt bei Dir nicht unbedingt Vertrauen, Deutschland, weil Du den Nutzen noch nicht erkannt hast und ich durch diese Qualifikationen noch mehr zu »den anderen« zähle. Vielleicht fühlten sich einige Mitarbeiter_innen durch mich plötzlich kontrolliert? Zumindest war das meine Vermutung und Angst. Dass es auch solche gibt, die das wenig beeindruckt, kriegte ich natürlich auch zu spüren. Das sind meist diese »alteingesessenen« Beamten, und von denen gibt es in Ausländerbehörden leider einige. Meist sind es genau die antiken Schmuckstücke, die kein Interesse an Veränderung und ihre eigenen Methoden entwickelt haben, um ihre Arbeit zu verrichten. Sie wissen alles besser, lassen sich nichts sagen und spielen sich als die Verwaltungscowboys auf. Für mich sind viele mehr Cow als Boys.

Eines Tages kam einer von ihnen in mein Büro, um ein bisschen »Smalltalk« zu halten: »Weißt Du eigentlich, Lamro«, diesen Namen gab er mir, weil Sou ihm zu kompliziert war, »was mich am Allermeisten nervt? Da könnte ich echt kotzen!!! Ist Dir nicht aufgefallen, dass wir mittlerweile sogar Frauen mit Kopftuch hier bei der Ausländerbehörde eingestellt haben? Ich habe den Eindruck, die werden immer mehr! Verstehe ich nicht! *So* arbeiten die hier, anstatt sich anzupassen. Ich meine: Ich passe mich doch auch an, wenn ich zu euch komme oder nach Japan reise.«

Ich fragte mich ernsthaft, wieso er ausgerechnet MIR das erzählte. Was meinte er mit »ZU EUCH« und »Japan«? Was versprach er sich von so einem Gespräch? Zuspruch? Bestätigung? Da war er bei mir genau an der richtigen Adresse! Ich antwortete ihm zu seiner Unzufriedenheit, dass in unserer großen Abteilung lediglich eine Frau mit Kopftuch sei und ich im gesamten Amt maximal drei gesehen hätte. Diesen Schnitt fände ich schon sehr gering, und außerdem wüsste ich nicht, was das über die Arbeitsqualität und jeweilige Qualifikation aussagen würde. Das sei meiner Meinung nach diskriminierend. Natürlich passte es ihm überhaupt nicht, dass ich ihm Widerworte gab und meine eigene Meinung hatte.

Weißt Du, Deutschland, erst dachte ich, dass es nur ein Gefühl sei, dass ich zu empfindlich sei, aber dann bestätigte sich nach einigen Monaten, dass mein Gefühl das richtige war und ich mir ganz sicher nichts einbildete. Seit Beginn meiner Arbeit in diesem Amt wurde ich als Frau mit Migrationshintergrund nicht mit offenen Armen empfangen. Ich sah nicht nur anders aus, sondern war auch tatsächlich anders. Bereits am ersten Tag meiner Arbeit fragte mich beispielsweise ein Kollege: »Woher biste eigentlich?« Ja, dieser verdammte Dialog aus meiner Einleitung. Die

Antworten: Bonn, Düsseldorf, Neuss und Dormagen ließ er natürlich nicht gelten. Er war erst zufrieden, als ich sagte, dass meine Eltern aus Marokko kämen. Jetzt passte das Bild! Für ihn war ich ab dem Zeitpunkt immer nur »Lamro, die kleine Marokkanerin«. Außerdem war er der festen Überzeugung, dass es sich nicht lohnen würde, mich einzuarbeiten, weil ich es sowieso nicht lange aushalten oder mir wahrscheinlich schnell »einen Braten in die Röhre« setzen lassen würde und dann eh weg wäre. Das empfand ich als sehr grenzüberschreitend und machte es natürlich deutlich. Abgehalten hat ihn das aber nicht, und durch die Kollegen, die das alles sehr witzig fanden, wurde er noch motiviert weiterzumachen. Somit kam es nach kurzer Zeit zu erneuten Zwischenfällen. Da ich meine Tochter jeden Tag zur Schule bringe, startet mein Arbeitstag erst um circa 7.50 Uhr. Es gab keinen einzigen Tag, an dem er mich nicht provokativ mit »Mahlzeit« begrüßte. Er war der Meinung, dass ich kommen würde, wann ich wolle. Ich ärgerte mich sehr über mich, weil er es tatsächlich schaffte, mich mit dieser Art in Erklärungsnot zu bringen. Während ich erklärte, unterbrach er mich immer und immer wieder und zeigte mir auf diese Art und Weise, dass er mir weder zuhörte noch mich auch nur im Ansatz ernst nahm. Er war es gewohnt, mit Menschen, die so aussahen wie ich, in dieser respektlosen Weise umzugehen.

Eine weitere Situation geht mir tatsächlich bis heute nicht aus dem Kopf. Es war wieder einer der Tage, an denen er besonders viele »Clownflakes« gegessen hatte. Diesmal hatte ihn eine Frage besonders beschäftigt, also kam er direkt auf mich zu: »Bist Du auch so 'ne Frau, die voll frigide ist? Bei Dir läuft doch im Bett bestimmt nichts, oder? Die

Jeans, die Du trägst, hat Löcher an den Knien. Du solltest so etwas nur anziehen, wenn Du diese Art von Hosen auch tragen kannst, dafür muss man die Figur haben. Oder haben die Löcher etwas zu bedeuten? Stehst Du vielleicht auf Sex wie bei Fifty Shades of Grey, Du kleine Marokkanerin!«

Kannst Du mir mal erklären, wie er das gemeint hat, Deutschland? Also, ohne dass es etwas mit der Herkunft meiner Eltern oder meinem Geschlecht zu tun hat? Ich will nicht immer direkt die Rassismuskeule rausholen und bin außerdem sowieso viel zu empfindlich. Ich begebe mich gern in die Opferrolle, weil ich Aufmerksamkeit brauche, wie Du weißt. Vielleicht versuche ich nur wieder, mein Scheitern zu legitimieren, da ziehen die Argumente Diskriminierung und Rassismus ja immer besonders gut. Ich wende mich also direkt an Dich, Deutschland, weil ich es einfach nicht verstehe. Ich frage Dich auch: Was wollen wir künftig mit solchen Beamten machen, Deutschland? Sie behindern Deine Integrationsprozesse!

Ich glaube fest daran, dass diese Umgangsformen nicht in allen Deinen Ausländerbehörden üblich sind, verstehe mich also nicht falsch, liebes Deutschland. Aber die Gefahr ist schon gegeben, da man gerade dort, in diesen Abteilungen, sehr abgespalten von anderen Bereichen der Verwaltung ist und Machtverhältnisse hier eine noch wichtigere Rolle spielen. Die Auswirkungen bekommen nicht nur die Kundinnen und Kunden zu spüren, sondern auch die Mitarbeiter_innen. Man kann leicht ins Schussfeld geraten, vor allem als Frau mit Migrationshintergrund. Abfällige Begrifflichkeiten für Menschen bestimmter Nationalitäten sind oft Alltag und Normalität. »Schurkenstaaten« ist da nur ein kleines Beispiel. Irgendwie scheinen manche über eine Art Legitimation für Ungleichbehandlung zu verfügen, vor allem Menschen mit »schlechter Bleibeperspektive« abfällig zu behandeln.

Oftmals sitzen in Ausländerbehörden jene alteingesessenen Beamten, die sich gegen jede kleine Veränderung sträuben und ihren Beruf dahingehend verstehen, es anderen Menschen schwer zu machen. Das wirkt sicher hart, aber muss auch einfach mal benannt werden, Deutschland. Auch weil uns Schweigen, gerade als wechselseitiger Prozess, nicht weiterbringt, liebes Deutschland. Ich muss daher auch als Verwaltungsmitarbeiterin sagen, dass ich die Angst vieler Menschen vor der Ausländerbehörde gut verstehe. Diese von mir geschilderten Probleme sind vielen bekannt, auch wenn sie schweigen. Trotzdem liegt die große Aufgabe, solche Strukturen aufzulockern und von Diskriminierung und Rassismus zu befreien, noch vor Dir. Hier ist eigentlich bereits »Gefahr im Verzug«, um es in Deiner Sprache zu sagen. Dies scheinst Du ja am besten zu verstehen.

Schulungen zu interkultureller Handlungskompetenz und Antirassismus werden kaum in Anspruch genommen, oft besteht kein ernsthaftes Interesse daran, sich mit der Thematik überhaupt auseinanderzusetzen. Vor einer Verpflichtung zur Teilnahme an Weiterbildungen schrecken die meisten Arbeitgeber zurück. Wieso eigentlich? Wieso kann eine Behörde nicht beschließen, dass ihre Mitarbeiterinnen und Mitarbeiter, die in Bereichen tätig sind, wo es um Migration und Integration geht, regelmäßig an Schulungen teilnehmen müssen? Kannst Du mir das erklären, Deutschland? Ich finde, dass es durchaus gute Gründe dafür gibt, verpflichtende Schulungen einzuführen, und das gerne auch in regelmäßigen Abständen. Stattdessen wird in Stellenausschreibungen kurz darauf hingewiesen, dass interkulturelle Kompetenzen erwünscht sind. In Vorstellungsgesprächen wird einem dann maximal eine Frage dazu gestellt, deren Antwort jedes Kindergartenkind kennt. Wie beispielsweise: »Wieso ist interkulturelle Kompetenz in Ausländerbehörden wichtig?« Wieso wohl? Weil wir in diesen Bereichen nichts mit Migration und Integration zu tun haben! Das ist doch absurd!

Darüber müssen wir wirklich reden, Deutschland, denn in kaum einer anderen Behörde habe ich so viele Vorurteile erlebt, und ich weiß nicht, wieso seit Jahren der Eindruck herrscht, dass man diese Situation nicht ändern könne. Fehlt Dir nicht vielleicht doch nur der Wille? Oder sind wir doch kein Einwanderungsland, mein Deutschland? Bei einigen Verwaltungsmitarbeiter_innen sind gewisse Verhaltensmuster tatsächlich ein bewusstes Handeln, und auf andere wird dieser Umgang leider gewissermaßen »übertragen«, es scheint irgendwie ansteckend zu sein. Entscheidend ist natürlich, was dir in deiner Einarbeitung vermittelt wird und wer diese übernimmt. Kriegst du einen Cowboy, wirst du ein Cowboy! Man orientiert sich automatisch an den Kollegen, die nun mal schon länger da sind. Ich habe viele motivierte Kolleginnen kennengelernt, die mit großem Interesse in Ausländerbehörden gewechselt sind. Lange haben sie es dort nicht ausgehalten, oder sie sind nach relativ kurzer Zeit wie die Kolleginnen geworden, die eigentlich keine wirklichen Vorbilder sind. Ich werfe es ihnen nicht vor, aber bedauere es zutiefst. Da wir uns ja jetzt etwas nähergekommen sind, Deutschland, möchte ich Dir eine wichtige Frage stellen: Wieso haben wir eigentlich keinerlei Studie zu rassistischen und diskriminierenden Strukturen in kommunalen Ausländerbehörden, obwohl vielen die Problematik bekannt ist? Diese Frage beschäftigt mich seit vielen Jahren! Unzählige Gespräche habe ich bereits mit Kolleginnen und Kollegen aus der Migrationsarbeit – Migrantenselbstorganisationen beispielsweise – geführt, die völlig frustriert über die Situation in Deinen Ausländerbehörden sind. Gerade die ehrenamtlichen Helfer_innen. Ihre Machtlosigkeit und das Gefühl, Mitarbeiter_innen der Behörde ausgeliefert zu sein, behindert ihre Arbeit und Dein Vorankommen in Sachen Integration immens. Hinzu kommt, dass die Menschen meist sehr lange Wartezeiten für die Vorsprache bei der Ausländerbehörde in Kauf nehmen müssen. Was können sie währenddessen tun? Tatsächlich nichts. Die Auswirkungen sind fatal. Wie viele Menschen leben deshalb monatelang mit abgelaufenem Aufenthaltstitel, weil sie schlichtweg keinen Termin erhalten? Ich sehe oft die langen Schlangen vor Ausländerbehörden, und ich sehe die verzweifelten Gesichter der Wartenden. Leute mit Kindern, im Regen, stundenlang stehend, in der Hoffnung, bald ihre ausländerrechtlichen Angelegenheiten klären zu dürfen oder zumindest einen Termin bei ihrer/ihrem heiligen »Sachbearbeiter_in« zu erhalten. Wenn ich das sehe, überkommt mich oft große Scham. Für mich als Sachbearbeiterin und für Dich, liebes Deutschland. Vor allem, wenn ich höre, wie die Mitarbeiter_innen sich gegenseitig necken und scherzeshalber drohen, dass man draußen in die Warteschlange müsse, wenn man nicht brav und artig sei. Obwohl ich sonst selbst einen rheinisch-derben Humor habe: Darüber kann ich nicht lachen, Deutschland! Verstehst Du sicher, oder?

Du, Deutschland, tust oftmals so, als würde die Migration Deine Verwaltungsstrukturen überfordern. Dabei ist es genau umgekehrt, denn meiner Meinung nach sind es Deine fehlenden migrationssensiblen Strukturen, die zur Überforderung führen. Seit den 1980er-Jahren versuchen Menschen unter dem Namen »interkulturelle Öffnung« Stadtverwaltungen und Sicherheitsbehörden an die migrationsgesellschaftliche Realität anzupassen, Strukturen zu lockern und somit einen gleichberechtigten Zugang zu Regelsystemen für ALLE zu erwirken. Oftmals wird ihnen mangelnde Geduld nachgesagt, es wird von langwierigen Prozessen gesprochen, und das rechtfertigt, dass sich seit so vielen Jahren kaum etwas verändert.

Aber dafür stehst Du doch eigentlich gar nicht, Deutschland! Was meinst Du denn? Sprich mit mir! Es ist doch eigentlich normal, dass Menschen von Dir über ihre Rechte aufgeklärt werden. Aber viele wissen kaum, was ihnen wirklich zusteht. Sie haben teilweise Angst, Informationen zu erfragen und wollen keinen schlechten Eindruck hinterlassen. Also verzichten viele – wie mein Vater – auf ihre Ansprüche, schlichtweg aus Angst vor Sanktionen. Ja, auch heute noch! Möchten wir das als unsere Normalität zulassen, Deutschland?

Innerhalb von Behörden entscheiden wir über existenzielle Dinge, die Menschen Autonomie verschaffen: Wohnen, Arbeit, Schule und Studium, Familienzusammenführung. Ich habe das Gefühl, dass diese enorme Verantwortung im Verwaltungsalltag vergessen wird, denn die Kontrolle ist gesetzlich legitimiert, und der Kontrolleur erfährt nur wenig Widerspruch. Von wem denn auch? Vom »Ausländer«, der Angst hat, abgeschoben zu werden? Von dem Politiker, der in ihm keinen Wähler sieht? Hier bringt der rote Pass tatsächlich etwas.

Ich habe in der Vergangenheit übrigens auch positive Erfahrungen in Deiner Verwaltung gemacht, bei der Ausländerbehörde einer anderen Kommune. Auch in Ämtern gilt, was für Familien und die Gesellschaft insgesamt gilt: dass gute Vorbilder ihre Umgebung prägen. Mein dortiger Vorgesetzter hatte eine Haltung, die für mich mehr als vorbildlich war. Er suchte immer Lösungen und Möglichkeiten, um Menschen zu unterstützen im Rahmen der Gesetze. Er war der Beweis: Wenn ich negative Entscheidungen in einer angemessenen Art und Weise überbringe, werden sie angenommen. Ich habe auch die Erfahrung gemacht, dass man keine macht- und gewaltvolle Sprache anwenden muss, um Menschen, die sich schlecht bei Dir auskennen, Deutschland, zur »Mitwirkung« zu bewegen. Ich muss nicht sofort mit Sanktionen drohen, sie oder ihn mit dem nächsten Flieger »nach Hause« zu schicken. Vertrauen und Verlässlichkeit schaffen eine gute Bindung zu Kundinnen und Kunden der Ausländerbehörde. Glaub mir! Jedenfalls in 90/95/99 Prozent aller Fälle. Man darf auch tatsächlich mal lachen, kein Scherz.

Die Menschen sollten nicht ohne jegliches Vorwissen in Kontakt mit Behörden treten, das ist auch nicht gut für Dich. Das macht unnötige Arbeit. Sie wissen ohnehin oft nicht, wie und ob es für sie in Deutschland weitergeht. Es darf Dir also keine Angst machen, Dein Wissen in einer geeigneten Art und Weise an die Menschen weiterzugeben, die es benötigen, für die es existenziell ist, für die so vieles davon abhängt, liebes Deutschland. Du musst sie nicht ständig kontrollieren, wirklich nicht, denn vielleicht lässt sie manchmal genau dies – die dauernde Kontrolle – das Gesetz brechen. Aus menschlicher Schwäche, aus Verzweiflung, aus all den Gründen, die Dein Gesetz nicht berücksichtigt. Ist das eine gute Basis für Zusammenhalt und Identifikation, Deutschland? Wächst dadurch das Verantwortungsgefühl dieser Menschen Dir gegenüber? Sollte es das nicht? Vielleicht denkst Du darüber nach, nur einen kleinen Moment, nur einen klitzekleinen Moment...

Es gibt auch Bereiche innerhalb von Kommunen, die großes Interesse daran haben, mit Ausländerbehörden zu kooperieren und positive Veränderung mitzugestalten, aber den wenigsten gelingt dies tatsächlich, obwohl es ein und dieselbe Verwaltung ist. Über externe Kooperationen brauchen wir gar nicht erst zu sprechen. Viele Landesregierungen haben das Problem innerhalb der Ausländerbehörden ebenfalls erkannt, können aber ohne eine ausreichende Mitwirkung der relevanten Bereiche Deiner Kommunen nichts verändern. Was können wir da tun, Deutschland? Gemeinsam! Wir haben hier tatsächlich ein Problem mit Deinen Ausländerbehörden! Vielleicht fühlst Du Dich nicht verantwortlich, weil das ein Problem »der anderen« ist, derjenigen, die ohnehin in der Bringschuld sind. Immerhin wollen sie ja etwas von Dir und nicht umgekehrt. Das akzeptiere ich gerne, wenn Du aufhörst, bei Integration von »wechselseitig« zu sprechen, oder erkläre mir bitte genau, wo Du bei der Wechselseitigkeit Deine Aufgaben siehst.

Mein Vater gehört auch zu den Menschen, denen die Ausländerbehörde Angst macht, und deshalb wollte er stets einen guten Eindruck hinterlassen und seinen Respekt (nein, es war nur Angst) gegenüber der Ausländerbehörde zeigen. Dazu gehörte, eine Ausländerbehörde niemals ohne Anzug zu besuchen. Spätestens als er den Beamten duzte, war es allerdings mit dem guten Eindruck vorbei. Eigentlich meinte er es nur gut, er wusste es nicht besser. Diese Momente fand ich witzig und bin dennoch froh, ihn motiviert zu haben, sich endlich einbürgern zu lassen. Wenn er Dich schon mitaufgebaut hat, gehört auch ihm ein Stück des Kuchens. Ein deutscher Pass verleiht einem aber längst nicht das Gefühl, Deutscher zu sein, bei Weitem nicht, denn die Farbe Deines Passes ändert nicht die Farbe unserer Hautfarbe. Für Dich muss es das Fremde immer geben, und das Fremde bedeutet einfach, anders auszusehen.

Brauchst Du diesen Unterschied, um Dir Deine vermeintlich privilegierte Rolle sichtbar zu machen? Ich denke nicht, dass Du der privilegierten Seite angehörst, und ich glaube auch nicht, dass Du so viel Dankbarkeit fordern solltest.

Natürlich kann man dafür dankbar sein, wenn Du einen aufnimmst und vor dem Krieg rettest, aber gewisse Kriege hast auch Du zu verantworten. Du hast eine krasse Vergangenheit. Man muss Dich aber so nehmen, wie Du bist, richtig? Mit all Deinen Schwächen und Fehlern, richtig? Die positiven Dinge sehen, richtig? Darf ich das denn auch von Dir erwarten? Auch, wenn ich schwach bin, anders aussehe und nicht so funktioniere, wie Du es erwartest? Darf ich?

Meine Eltern waren immer dankbar, viele Menschen der ersten Generation sind es. Sie widersprechen kaum, sie gehen und gingen nicht auf die Straße, sie sind still und sie fordern nichts vom Kuchen. So unverschämt wie ich sind sie nicht. Sie freuen sich stattdessen über jeden klitzekleinen Krümel. Dafür, dass Du sie als Gäste bezeichnest, hast Du sie nicht sehr gastfreundlich behandelt, darüber sprechen sie aber kaum. Sie sprechen nicht darüber, wie Du sie empfangen hast, denn sie sind dankbar. Aber bist Du es dieser Generation gegenüber auch? Bringst Du ihnen das nötige Maß an Wertschätzung und Dankbarkeit entgegen, das sie verdient haben? Oder ist alles, was sie für Dich getan haben, selbstverständlich und mit dem bisschen Geld, das sie verdient haben, abgegolten? Viele von ihnen sind bereits von uns gegangen und das, ohne ein »Danke« gehört zu haben. Macht das denn nichts mit Dir, liebes Deutschland? Diejenigen, die noch hier sind, leben ein stilles und sehr bescheidenen Leben. Weißt Du, Deutschland, viele dieser Menschen sind schon seit vielen Jahren in Rente, die meisten in Frührente. Viele Menschen wurden aufgrund der harten Hilfsarbeiten, die sonst niemand für Dich verrichten wollte, dauerhaft arbeitsunfähig. Ist Dir klar, wie klein ihre Rente ist? Ist Dir klar, dass es bei vielen Menschen nicht einmal ausreicht, ihren Lebensunterhalt sicherzustellen? Ist Dir klar, dass sie eigentlich einen rechtlichen Anspruch auf Deine finanzielle Unterstützung haben, aber lieber freiwillig verzichten? Soll ich Dir verraten, wieso? Sie möchten nicht abhängig von Dir sein, weil Du sie mit Deiner Verwaltung völlig überforderst. Deine Verwaltung macht sie machtlos, und deshalb leben sie lieber unter dem Existenzminimum. Sie haben ihre Ruhe, und Du hast sie auch.

Das bringt ihnen aber nicht immer Ruhe, denn: Wusstest Du, dass Gastarbeiter_innen nach Jahrzehnten hier bei Dir vereinzelt immer noch lediglich einen befristeten Aufenthalt haben? In regelmäßigen Abständen erbitten sie die Erlaubnis, hierbleiben zu dürfen, dabei gehören sie doch schon zu Deinem festen Inventar. Der Grund ist meist, dass sie ihren Lebensunterhalt noch nicht sicherstellen können, obwohl Du ihre dauerhafte Arbeitsunfähigkeit doch mitzuverantworten hast... Dieser Punkt meiner beruflichen Praxis bei der Ausländerbehörde ist besonders bitter.

Ich sehe vereinzelt Institutionen, die versuchen, sich für diese Personengruppe stark zu machen, aber sie sind »Einzelkämpfer«, und sie werden kaum gehört. Über die Menschen wird nicht gesprochen, und auch die Presse interessiert sich nicht für sie. Sie sind nicht interessant genug und für Dein Wirtschaftssystem nicht ausreichend relevant (zumindest nicht im positiven Sinne). Und die Politik? Da, wo Politik divers ist, gibt es Ansätze, aber Deine Politik ist noch nicht ausreichend divers. Mir sind einige Fälle aus der ersten Generation bekannt, die inzwischen in Pflegeheimen untergebracht sind, ihre migrationsgesellschaftlichen Unterschiede finden jedoch kaum Berücksichtigung. Es sind wirklich traurige Fälle. Wusstest Du eigentlich, dass Menschen, die an Demenz erkranken, wieder ihre Ursprungssprache sprechen, und weißt Du, was das bedeutet? Wer spricht mit ihnen? Wer liest ihnen in ihrer Heimatsprache vor? Wer verschafft ihnen Erinnerungen an die alte Heimat, die sie beruhigen? Wer nimmt ihnen ihre Ängste?

Bei einigen Muslimen aus der ersten Generation herrschen beispielsweise Ängste, nicht nach islamischen Ritualen begraben zu werden oder im Essen vielleicht doch ein bisschen Schweinefleisch zu haben. Wären mehr Angebote der kultursensiblen Pflege nicht mehr als fair? Ich meine, als Zeichen Deiner Wertschätzung, Deutschland? Nicht schlimm, denn sie bleiben dennoch dankbar, sie sind ruhig, sie sind durchsichtig und irgendwann einfach nicht mehr da, also schweigen wir weiter. Du bist schon überfordert mit »Deiner« immer älter werdenden Generation, ich weiß, und die Prognosen zeigen nichts Gutes! Das Thema Pflege wird Dir noch ziemlich um die Ohren fliegen, egal wie lange Du es verdrängst.

Ob Migration Dir da helfen kann? Du meinst wirklich DIE Migration? Die Mutter aller Probleme?

(Da war doch was?) Du hast ja inzwischen noch ein neues Gesetz erlassen, das dem Bereich Pflege zugutekommen könnte, das Fachkräftezuwanderungsgesetz. Viele Einrichtungen sehen darin eine Perspektive und rekrutieren die Fachkräfte aus dem Ausland, in Hoffnung darauf, dass diese »fremden« Menschen Dich beim Thema Pflege unterstützen. Machst Du es mit diesen Fremden diesmal besser als mit der ersten Generation?

Übrigens: Hast Du mal darüber nachgedacht, was dieser Brain- und Fachkräfte-Drain mit den Ländern, aus denen rekrutiert wird, macht? Werden sie vielleicht destabilisiert? Neeeeeeeein, wie kommst Du denn darauf, Deutschland! Polen, Tschechien, Bulgarien, aber auch Nordafrika beispielsweise haben so viele Pflegekräfte und Ärzte, die wissen gar nicht mehr, wohin damit. Die medizinische Versorgung dort – kein Problem, das läuft hervorragend. Wenn

Du beispielsweise in Marokko einen Krankenwagen wegen eines Notfalls alarmierst, dann kommt er gewiss innerhalb der nächsten 72 Stunden ... vielleicht. Na ja, Deutschland, ich möchte nicht in dieser Wunde herumstochern, weil ich weiß, dass die Pflege Dein großes Sorgenkind ist. Lass uns das gemeinsam verdrängen... Schweigen ist ein wunderbares Instrument.

Ich möchte aber nicht schweigen, und ich mag auch das Schweigen meines Vaters nicht. Leider spricht er nur sehr selten über die Zeit als »Gastarbeiter«. Er fühlte sich abgewertet, denn so würden wir uns auch fühlen. Oder war es damals nicht so schlimm? Haben sich heute nur die Ansprüche verändert? Oder war es nicht so schlimm, weil es nur um Gastarbeiter ging? Das halte ich für den größten Trugschluss, denn das Gefühl der Selbstachtung ist in uns allen gleich. Aus Scham und Dankbarkeit sprechen sie nur nicht darüber. Ich mag diese Art von Dankbarkeit nicht, sie wird von zu viel Angst getragen. Wir, die *Deutschen der zweiten und dritten Generation* – mit und ohne Pass – sind ihre Stimmen, und auch wir sind dankbar, dankbar dafür, dass diese Menschen uns in ihrer Bescheidenheit ein großes Vorbild waren, nicht unbedingt dafür, nach Deutschland gekommen zu sein. Ihr Kampfgeist und Fleiß sind einzigartig, und ich frage mich bis heute, wie sie es geschafft haben, im Alltag trotz der enormen Herausforderungen und trotz Heimwehs zu überleben. Ich erinnere mich daran, dass mein Vater immer voller Freude sagte: »In den Ferien fahren wir nach Hause.« Er hatte das Wort »Gast« längst verinnerlicht. Heute weiß er nicht mehr, wo dieses Zuhause ist. Er wirkt aber zufrieden in Marokko. In der alten Heimat ist er dennoch der Deutsche und in der neuen Heimat der

»Ausländer«. Diesen Konflikt wird er wohl nicht mehr lösen. Ob wir ihn lösen? Für uns lösen? Für eine Generation, die längst deutsch ist? Was meinst Du, Deutschland? Bleiben wir das, was unsere Eltern waren? Bleibt unsere Heimat die alte Heimat meiner Eltern? Weil wir nun mal so aussehen, wie wir aussehen? Sag es mir, denn niemand weiß es besser!

Meine Eltern sind in Marokko geboren, Nordafrika also. Marrakesch! Tanger! Fes! Rabat! Die wunderschöne Wüste! Essaouira! Tajin! Couscous! Ein Traum aus 1001 Nacht! Nicht? Ich weiß, ich weiß, der Ruf und die Bilder haben sich verändert. Du hattest da einen neuen Begriff geschaffen, NAFRI, das bin ich nun auch für Dich. Wie schön war doch die Zeit, als Du uns noch mit dem Traum aus 1001 Nacht in Verbindung brachtest und nicht mit dem Albtraum von 2015: Silvester in Köln. So viele sexuelle Übergriffe und Belästigungen in einer Nacht, knapp 1.000 Strafanzeigen. Und? Was ist passiert, Deutschland? Ich meine, außer der Entstehung des Begriffs »Nafri«, was für »nordafrikanischen Intensivtäter« steht. Was ändert sich an Deinem Umgang mit sexualisierter Gewalt? Ist denn nicht das die Debatte, die wir eigentlich führen sollten? Nein, Du sprichst als Resultat der Silvesternacht ausschließlich über »Bleibeperspektive« und darüber, wie Menschen aus Nordafrika schneller abgeschoben werden können. Ach, Deutschland, das funktioniert so nicht, das ist zu wenig.

Ich muss damit leben, dass Du bei dem Begriff Nordafrika manchmal zusammenzuckst, wenn auch seltener bei mir. Oftmals sind es Männer, die die größten Nachteile erleiden, um die man einen riesengroßen Bogen macht und zu denen man mindestens eine Armlänge Abstand einhält. Alle Männer, die Deiner Meinung nach aussehen, als kämen sie aus dem »nordafrikanischen Raum«, kriegen das übrigens zu spüren. Sie zahlen auch den Preis für die Silvesternacht. Ich erinnere mich sehr gut an ein Ereignis meines zweitältesten Bruders, der sich nie wirklich was zuschulden kommen ließ. Er kam gerade in Köln an und befand sich am Hauptbahnhof, als er sah, wie ein Mann auf ihn zulief. Der näherte sich so dicht wie möglich und schrie ihn an: »Du Osama-Bin-Laden-Anhänger.«

Viele meiner Kollegen berichteten von Kontrollen an Hauptbahnhöfen. Kollegen, die auf dem Weg zur Arbeit waren, zur Uni oder mit Freunden verabredet. Kollegen, von denen keinerlei Gefahr ausgeht. Glaub mir, im Gegensatz zu Dir kenne ich sie gut! Aufgrund des äußeren Erscheinungsbildes legitimierst Du Kontrollen und einen Generalverdacht. Wenn Du überfordert bist, pauschalisierst Du nun mal.

Diese Kölner Silvesternacht hatte aber noch weitere Auswirkungen. Ich merkte, wie sich der Ton in der kommunalen Flüchtlingsarbeit veränderte. Vorher war da eine große Hilfsbereitschaft und hohes ehrenamtliches Engagement, wenig Spaltung. Plötzlich wurde selektiert. Es gab auch viele, die gerne Wohnraum an Geflüchtete vermieten wollten. Anfangs war es egal, wo diese herkamen und wie der Gesetzgeber ihren Status einstufte. Auch das änderte sich. Wurden vorher Spenden abgegeben für alle Geflüchteten, sollten jetzt die mit guter Bleibeperspektive bevorzugt werden, also hauptsächlich Menschen aus Syrien. Am liebsten Frauen. Das Thema Spende war auch so eine Sache. Es gab den ein oder anderen Moment, wo ich mich fragte, ob die Spenden tatsächlich ernst gemeint sind. Wenn beispielsweise Liselotte anrief und ihren Strickpulli von vor 30 Jahren loswerden wollte, oder Menschen, die die Spendenaktion als kostenlosen Entrümplungsservice verstanden. Hier freundlich zu bleiben und mich höflich zu bedanken, war eine echte Challenge. Eigentlich hätte ich am liebsten gesagt: »Liselottchen, gibt es denn niemanden in Deinem Bekanntenkreis, der diesen tollen Pullover tragen will? Und hättest Du nicht noch ein paar Unterhosen aus der Nachkriegszeit?«

Die wichtigste Erfahrung im Zusammenhang mit diesem schlimmen Jahreswechsel war, dass seitdem die gute Stimmung definitiv kippte, dass die Gesellschaft sich spaltete, viele Ängste und Unsicherheit entstanden. Die Angst vor dem Fremden war somit definitiv in der Mitte der Gesellschaft angekommen. Die Politik geriet ordentlich unter Druck – und wir in der kommunalen Integrationsarbeit auch.

Bald standen im Rheinland die Karnevalstage an. Ein Fest, auf das man hier keinesfalls verzichten und das man ausgelassen feiern möchte. In dem Zusammenhang muss ich Dir, Deutschland, aber noch eben die kleine Geschichte meines Cousins erzählen, der in den 1990er-Jahren zwecks Familienzusammenführung nach Deutschland kam. Wie es das Schicksal so wollte, ist er genau während der Karnevalstage in Deutschland angekommen, und den Karneval kannte er natürlich nicht. Für meine Familie und mich war er allerdings schon so normal, dass wir es gar nicht für nötig hielten, ihn darauf vorzubereiten. Meine Schwester ging also kurz nach seiner Ankunft mit ihm spazieren, just an dem Tag, als der traditionelle Karnevalszug in Neuss stattfand. Aus dem Bus ausgestiegen, beobachtete er ein Pärchen. Der Mann war als Hund verkleidet und hatte eine Leine um den Hals. Seine Frau, ebenfalls verkleidet, führte ihn Gassi. Völlig schockiert sah er dem Pärchen zu und sagte dann: »Die Menschen in Marokko haben mir bereits berichtet, dass Frauenrechte in Deutschland großgeschrieben werden, aber dass Frauen so mit ihren Männern umgehen, war mir nicht klar.« Vielleicht hätten wir ihn tatsächlich nicht ins kalte Wasser werfen sollen, wir sind einfach viel zu integriert!

Aber zurück ins Jahr 2015/16. Um eine schreckliche Situation wie in der Silvesternacht unbedingt zu vermeiden, musste eine Lösung her. Die Menschen, und vor allem Frauen, sollten sich an Karneval sicherer fühlen. Erst mal ein Gedanke, der mir als Frau ein gutes Gefühl gab, denn irgendwie hatten sich diese Ängste auch auf mich übertragen. Also beschlossen Polizei, Kommunen, Dolmetscher sowie Vertreter und Vertreterinnen des hiesigen Karnevalsvereins, dass es sinnvoll sei, Geflüchtete mit einem »Informationsflyer zum Thema Karneval« über dieses traditionelle Fest zu informieren und klarzustellen: Frauen kleiden sich an diesen Tagen etwas freizügiger und lassen sich auch mal ein »Bützchen« geben. Kein Grund, über sie herzufallen! Der Flyer sollte aber in ALLEN Flüchtlingsunterkünften verbreitet und im Rahmen persönlicher Veranstaltungen erläutert werden.

Ich war an der Organisation von zahlreichen dieser Veranstaltung gemeinsam mit der Polizei maßgeblich beteiligt und fand diese Idee okay und vertretbar. Heute frage ich mich, aus welcher Perspektive ich dies damals tat, denn als ich in die irritierten Gesichter der Menschen in den Unterkünften blickte und mir direkt die Frage gestellt wurde, wieso denn in den Flüchtlingsunterkünften ALLE darüber belehrt werden und wieso man dafür einen Polizisten in Uniform benötigt, hatte ich das Gefühl, dass das so eigentlich nicht laufen darf. Woher nahmen wir uns dieses Recht? In den Turnhallen, in denen damals viele Flüchtlinge untergebracht waren, überraschten wir die Menschen, obwohl unsere Informationen ja vorab in fünf Sprachen verteilt worden waren. Wieso die Menschen dennoch überrascht waren? Sie hatten einfach ganz andere Sorgen: Sie waren vor einem Krieg geflohen und hausten in Turnhallen, ohne jede Privatsphäre. Da denkt man nicht an Karneval und daran, wann man die nächste Gelegenheit erhält, um Frauen zu begrabschen.

Auch die Presse wollte bei den Informationsveranstaltungen gerne zugegen sein, aber das ließen wir nicht zu. Solche Momente, in denen wir die Grenzen schutzbedürftiger Menschen wahrten, Deutschland, gaben mir das Gefühl, vielleicht doch nicht alles falsch gemacht zu haben. Von weiteren Aktionen sahen wir künftig ab, da es uns nicht zusteht, Menschen, die zu Dir »flüchten«, unter Generalverdacht zu stellen.

Man sagt, die größte Gefahr und gleichzeitig auch das größte Potenzial im Kampf gegen Diskriminierung und Rassismus sind Sprache und Bilder. Wir entscheiden also durch die Sprache, mit der wir Menschen begegnen, darüber, welche Bilder wir von ihnen malen und welche Eigenschaften wir Menschen geben, welche Kultmerkmale wir ihnen zuschreiben. Oft werden die von anderen gemalten

Bilder mit Ängsten gefüttert, und dergestalt werden sie leider in einigen Fällen zu unseren Bildern, denn so wird uns unmerklich die Fähigkeit genommen zu beurteilen, ob es unsere eigenen Bilder sind oder ob uns diese nur »untergejubelt« wurden. Vor allem, wenn es Bilder sind, die von Menschen stammen, die uns vertraut sind, können wir uns nur schwer distanzieren und speichern das, was uns erzählt wird, als etwas aus »gesicherter Quelle« ab. Wir machen uns dann nicht mehr die Mühe, uns mit »dem Fremden« auseinanderzusetzen. Wieso auch? Toni Morrison sagte in ihrem Buch *Die Herkunft der anderen*: »Warum sollten wir Fremde kennenlernen wollen, wenn es einfacher ist, uns ihnen zu entfremden. Warum sollten wir die Distanz überwinden wollen, wenn wir die Tür auch schließen können?«

Wir sind also immer ein Stück weit dankbar dafür, wenn wir uns nicht mit dem Fremden auseinandersetzen müssen und unter den uns vertrauten Menschen bleiben dürfen.

Zu den Bildern kommt dann die Sprache als äußerst machtvolles Instrument hinzu. Sie kann vieles gutmachen und vieles zerstören, das macht es ziemlich kompliziert, denn überall, wo sich Instrumente subtil einsetzen lassen, etwas Manipulatives haben, sowohl Gutes als auch Schlechtes anrichten können, da werden Dinge ungreifbar und selten nachweisbar. Verstehst Du mich, Deutschland? Vielleicht doch noch etwas zu kompliziert, das alles?

Eine große Gefahr ist, dass gesellschaftlich kritische Themen *populär* und *kommerziell* werden. Das klingt jetzt kompliziert, aber ich bin, liebes Deutschland, der festen Überzeugung, dass wir das hinkriegen und Du mich verstehen wirst, denn ich glaube an Dich und habe auch gelernt, dass man den Fokus auf die Stärken legen sollte, auch bei Dir. Ich spreche aus eigener Erfahrung, denn bei mir hat das eigentlich immer gut funktioniert. Nein, das ist doch kein Dankeschön an Dich, liebes Deutschland! Der Dank geht natürlich an meine Mama, die da ein unendlich großes Gefühl in mich hineinpflanzte: das Gefühl und den Glauben daran, dass meine Stärken mir helfen, all meine Schwächen in den Schatten zu stellen, und dass all das, was Du diesem Schatten zuordnest, meine Sonne ist. Jetzt, wo das geklärt ist, widmen wir uns also wieder der Frage, was ich meine, wenn ich sage, es sei gefährlich, dass gesellschaftlich kritische Themen kommerziell werden. Das merken wir zum Beispiel aktuell im Umgang mit dem Ukraine-Krieg, aber das Problem existierte schon vorher. Es gibt in der Antidiskriminierungsarbeit und im Kampf gegen das Konzept von Rassismus einen Wandel, den ich nicht verstehe, Deutschland. Ja, Du liest richtig: Rassismus ist ein Konzept. Nein, es ist kein Fakt. Vielleicht kannst Du mir helfen, das, was ich nicht verstehe, etwas besser zu verstehen.

Warum kommen wir bei den Themen Antidiskriminierung und Antirassismus so wenig voran? Warum bist Du da so unbeweglich? Ich weiß, äußerlich ist viel los, aber im Kern treten wir meist auf der Stelle. Du bist mir da doch etwas schuldig, nicht wegen der fehlenden Dankbarkeit für meinen Vater, den Gastarbeiter mit dem Bandscheibenvorfall, sondern weil auch ich geduldig mit Dir bin und Dir immer wieder Dinge aus meinem Leben zu erklären versuche.

Seit unzähligen Jahren antworte ich also geduldig auf Deine Fragen nach meiner Herkunft, und es gibt viele Bereiche, in denen Du mit Begriffen wie »Vielfalt«, »Diversity«,

»Schule gegen Rassismus« und so weiter für Dich wirbst. Es ist so eine Art Modeerscheinung, ein kommerzieller Trend. Es scheint, als würdest Du Räume dafür schaffen wollen, um der Ausgrenzung von Minderheiten entgegenzuwirken. Ich lasse jetzt mal unkommentiert, dass Deine Definition von Minderheiten längst überholt ist und wir das mit dem Zählen noch mal lernen müssen. (1, 2, 3, 4, 5, 6...)

Also, es wirkt manchmal, als hättest Du Dich an die migrationsgesellschaftliche Realität angepasst. Ich beobachte zum Beispiel, wie Schulen sich zum großen Ziel setzen, eine »Schule ohne Rassismus« zu werden, um endlich dazuzugehören. Ich kenne einige Schulen »ohne Rassismus«, aber das sind nicht die von Dir zertifizierten. Das sind die wenigen, wo Migration und vermeintliche Andersartigkeit Normalität sind. Schulen, an denen nicht über kulturelle Unterschiede diskutiert wird, und Schulen, wo Lehrer beim Anblick eines Kindes, das auf den ersten Blick nicht biodeutsch aussieht, nicht gleich in einen chronischen Überraschungszustand verfallen. Rassismuskritische Arbeit funktioniert also dort am besten, wo Migration Normalität ist.

Manchmal muss ich im Job über Dich lachen. Gewisse Anfragen bringen mich zum Schmunzeln. Vor gar nicht so langer Zeit sollte ich als Keynote-Speaker für ein großes Pharmaunternehmen auftreten. Schwerpunkt der Rede: der Mehrwert von kulturellen Unterschieden. Ich sollte Mitarbeiter_innen des Unternehmens, vor allem aber die Führungsebene, davon überzeugen, dass Menschen mit Migrationsgeschichte auch gute Seiten haben und dass es durchaus ein Mehrwert sein kann, mit ihnen zusammenzuarbeiten, weil sie zum Beispiel Fremdsprachenkenntnisse mitbringen und »die anderen« gut verstehen. Weil sie

»Brückenbauer« sein und uns helfen könnten bei einem angemessenen Umgang mit »den anderen«.

Deutschland, Dein Ernst?? Ich würde viel lieber mit Dir darüber sprechen, warum es für Dich »die anderen« geben muss und was das über Dich aussagt! Wieso brauchen Menschen es, andere als »fremd« zu klassifizieren, sogar zu dämonisieren? Was sagt das über Dein eigenes Selbstwertgefühl aus, liebes Deutschland, wenn Menschen die Abwertung anderer für die eigene Aufwertung benötigen? Das willst Du aber noch nicht hören. Also feierst Du »Feste der Kulturen« oder »Vielfalt-Festivals« und setzt den Fokus auf die schönen Seiten der Andersartigkeit. Wir sprechen von Diversity-Management, Charta der Vielfalt etc. Wir lassen die anderen Kulturen in ihrer Andersartigkeit erblühen. Aber sie bleiben anders, und Migration ist keine Normalität. »Wir« bleiben die Anderen.

Das soll aber nicht der einzige Auftrag sein, der in mir etwas mehr als Irritation auslöste. Bleiben wir mal bei der Akzeptanz von Migration als Normalität: Da gibt es noch so einen Begriff, der mir und anderen Schwierigkeiten macht. Als Expertin für »interkulturelle« Handlungskompetenz mache ich mit viel Freude und Leidenschaft Schulungen und Weiterbildungen bundesweit. Und da ist dieses Wörtchen »interkulturell«. Leider gehen die Auffassungen über diesen Begriff weit auseinander. Manche wenden ihn an, andere sind der Auffassung, dass er vieles kaputtmacht. Auch unter uns Experten gibt es also einige Diskussionen und auch die Meinung, dass der Begriff »interkulturell« eher Ausgrenzung und Pauschalisierung fördere. Viele gehen davon aus, dass solche Schulungen den Akzent zu sehr auf »Kultur« und »kulturelle Unterschiede« legen. Ich weiß, dass Schulungen zu kulturspezifischem Wissen seltener geworden sind, aber es gibt sie noch. Mir ist immer wichtig, Teilnehmerinnen und Teilnehmern eigene vorurteilsgeleitete Denkmuster bewusst und sichtbar zu machen, und das funktioniert hervorragend, wenn wir über die Definition von Kultur und vermeintliche »Kulturmerkmale« sprechen. Hier können viele Menschen, die sich neu mit dem Thema auseinandersetzen, gut abgeholt werden. Es sind ja nun mal die Menschen, die wir auch erreichen möchten, bei denen Vorurteile und Stereotype vorhanden sind, und da ist es absolut legitim, niederschwelliger anzusetzen. Was allerdings nicht bedeutet, eine Anleitung zum Umgang mit Menschen aus anderen Kulturen zu erhalten. Gerade im Zeitraum 2015/2016, nachdem Angela Merkel ihr »Wir schaffen das!« sagte, erreichten mich zahlreiche Anfragen zu kulturspezifischen Schulungen auf der Suche nach einer Gebrauchsanleitung für fremde Kreaturen. Weil meine Eltern aus Marokko stammen, schien ich als Trainerin für den Umgang mit fremden Kreaturen aus dem »arabischen Raum« als sehr geeignet, denn mir müssen doch die Sitten und Gebräuche der arabischen Welt bekannt sein. Klar, Deutschland, wenn nicht mir, wem dann? Da sieht man mal, wie man sich täuschen kann. Wenn Du das meinem Vater sagen würdest, käme er sicher nur mit größter Mühe aus einem Lachkick raus, denn für ihn ist lediglich meine Schale marokkanisch. Von Kultur, Sitten und Gebräuchen habe ich seiner Meinung nach definitiv keine Ahnung. Viele Personen aus meinem Familienkreis staunen immer sehr, wenn sie entdecken, dass ich tatsächlich die Heimatsprache meiner Eltern spreche. Mein Vater vermeidet es, mit mir zu viel auf Tamazight, seiner Heimatsprache, zu sprechen. Er möchte mich in keine unangenehme Situation bringen und spricht dann lieber Deutsch mit mir. Ich dagegen versuche zu vermeiden, mit ihm auf Deutsch zu sprechen, um ihn in keine unangenehme Situation zu bringen. Resultat ist, dass keinerlei Verständigung zustande kommt. Ich verstehe ihn nicht und er mich nicht. Ich sehne mich so sehr danach, dass auch er sagt: Du kannst aber gut Marokkanisch sprechen. So wie das Kompliment, das Du mir gerne machst, wenn ich Deutsch spreche. Bei dieser Art von Komplimenten fühle ich mich immer besonders geschmeichelt. Welche Sprache soll ich denn sonst sprechen? Es ist zum Verzweifeln...

Oft frage ich mich, ob mein Vater und andere aus dieser Generation die Entwicklung der Integrationsdebatten mitkriegen. Ob sie mitbekommen, dass es gesetzliche Grundlagen gibt, die für sie geschaffen wurden, also für die Menschen, die von Diskriminierung und Ungleichbehandlung betroffen sein können. Ich erlebe, dass die meisten viel zu wenig darüber wissen und kaum bestärkende Strukturen und Räume haben und kennen. Die Räume, in die sie blicken, sind oft leer, und wenn sie hineinrufen, hallt es maximal zurück.

Ein Beispiel für diese Schaffung eines leeren Raumes ist für mich das Allgemeine Gleichbehandlungsgesetz (AGG). Weißt Du eigentlich, für wen dieses Gesetz geschaffen wurde, Deutschland? Wen es schützen soll, Deutschland? Wer es verstehen sollte, Deutschland? Es ist nicht so, dass ich es nicht im Kern für eine gute Idee halte, aber die Auslegung und Anwendung macht mir etwas Kopfschmerzen.

Also, Ziel des Gesetzes ist, Benachteiligung aus Gründen der »Rasse« oder wegen der ethnischen Herkunft, des Geschlechtes, der Religion oder Weltanschauung, einer Behinderung, des Alters oder der sexuellen Identität zu verhindern oder zu beseitigen. Finde den Fehler, Deutschland. Ich frage mich, wann Du endlich den Begriff »Rasse« aus der Verfassung streichen möchtest?! Wie können wir gegen Rassismus ankämpfen und sogar ein Gesetz zum Schutz von Betroffenen schaffen, wenn wir dennoch unsensibel mit solchen Begrifflichkeiten umgehen? Wir gendern uns seit Neuestem so einen ab, dass ich mich manchmal wirklich frage, ob einige Menschen wissen, wie dämlich ihr Gendergelaber so klingt. Nicht, dass ich es nicht begrüße, aber mir da voll einen abzumühen und im Umgang mit Frauen dennoch ein Arschloch zu sein, bringt nicht viel. Ich fühle mich eher angegriffen, wenn man mich fragt, welcher »Rasse« ich denn angehöre, mehr jedenfalls, als wenn man mich beispielsweise fragen würde, ob ich jemals in einer »Fußballmannschaft« anstatt einer »Fußballfrauschaft« gespielt habe. Das nur mal »by the way«.

Meine Erfahrung hat mir gezeigt, dass die große Mehrheit der Betroffenen, also derjenigen, die Diskriminierung und Rassismus am eigenen Leib erleben müssen, gar nicht wissen, dass das Allgemeine Gleichbehandlungsgesetz existiert, und einige verstehen es auch nicht wirklich. Du erstrahlst aber in der ein oder anderen Situation, in der Du voller Stolz über die Existenz dieses Gesetzes sprichst. Hauptsache, es existiert! Die Existenz eines Gesetzes, dass in seiner Anwendung hoch komplex und tatsächlich kaum greifbar ist. Macht auf jeden Fall Sinn. Dinge sind undefiniert. Es ist neu, das versteh ich, aber die Stimmen, die sich gegen Ungleichheit und Benachteiligung erheben müssten, sind nun mal seeeeeehr leise. Hat Dein Gesetz geholfen, diese Stimmen lauter werden zu lassen? Macht es Diskriminierung sichtbarer? Hier darfst Du etwas niederschwelliger ansetzen, und Du darfst aufklären, da, wo Aufklärung benötigt wird. Da, wo Menschen vor Missachtung, Ausgrenzung und Benachteiligung geschützt werden sollten.

Positive Erfahrung machen einige Freunde und Bekannte mit einer Stelle, die sich genau mit diesem Schwerpunkt, also dem sogenannten AGG auseinandersetzt, also kann und will ich auch mal was Gutes sagen über eine Deiner geliebten Institutionen: über die Antidiskriminierungsstelle des Bundes. Hier habe ich tatsächlich das Gefühl, dass Menschen geholfen werden will. Menschen haben die Möglichkeit, sich gegen Diskriminierung und Rassismus beispielsweise am Arbeitsplatz Hilfe und Unterstützung zu holen. Es gibt da also eine Anlaufstelle, die sich zu kümmern scheint. Manchmal gibt schon das alleine einem eine Art Sicherheit, denn es wird einem zugehört und man wird ernst genommen. Trotz großen Engagements bleiben dieser Stelle aber kaum Möglichkeiten, um rassistische und diskriminierende Strukturen nachhaltig zu durchbrechen, vor allem, wenn es um Strukturen in der öffentlichen Verwaltung geht. Manchmal frage ich mich, ob Du die Anzahl an Fällen von Rassismus unterschätzt und ob es nicht sinnvoll wäre, sie Dir einfach sichtbarer zu machen, damit Du ein realistisches Bild von dem erhältst, was hier wirklich los ist. Ich habe mich über diese Idee mit Kolleginnen aus der Migrationsforschung ausgetauscht. Konkret meine ich damit, dass es nicht nur darum gehen soll, sich ab und zu mit Betroffenen darüber auszutauschen, ob sie von Rassismus betroffen sind, sondern die Fälle wirklich mal zu visualisieren. Hier könntest Du eine Hotline einrichten, bei der sich Menschen rund um die Uhr melden können oder dies auch online oder durch eine App. Die Fälle solltest Du dann darstellen, geografisch beispielsweise. So könntest Du den Anstieg und oder Rückgang messen, aber auch sehen, an welchen Deiner Orte Du das größte Problem hast. Das Wichtigste an der Visualisierung dieser Fälle wäre aber, dass Du den Menschen Aufmerksamkeit schenkst, ihnen zuhörst, ihnen eine Stimme gibst und ihnen glaubst. Es gibt nichts Schlimmeres, als Menschen immer wieder davon zu überzeugen, dass Alltagsrassismus kein Märchen ist. Der Kampf um eine Rassismusstudie war sehr mühsam, und bis zu den endgültigen Ergebnissen wird es noch etwas dauern, und wer weiß, was bis dahin so alles passiert. Versprichst Du mir, darüber nachzudenken?

Oft frage ich mich, wie mein Vater auf solche Strukturen blickt. Würde er Hilfe in Anspruch nehmen, wenn ihm die Strukturen vertraut wären? Würde er sich dann wehren gegen Benachteiligung? Ich wünschte, ich könnte mit »ja« antworten.

Wahrscheinlich fragt sich mein Vater eher, weshalb ich eigentlich so viel Kraft in diesen Kampf gegen Rassismus und Diskriminierung stecke. Und wenn ich ihn fragte, würde er wohl sagen, dass »wir« keine Ansprüche hätten und dass ich mich bloß nicht so weit aus dem Fenster lehnen sollte, immerhin wäre es ja nicht »unser« Land. »Wir« sind doch Gäste. Das alles würde er mit großer Gelassenheit sagen und dabei lächeln. Mit so einem mitleidigen Lächeln, ja, er würde mich ganz sicher bemitleiden. Das Lächeln meiner Mutter wäre sicher voller Stolz, denn sie träumte groß, und oft ist der Gedanke daran meine allergrößte Motivation.

Es gibt sicherlich Menschen, die sich bei mir denken: »Was hat die Alte eigentlich für ein Problem? Es geht ihr gut!! Sie ist Beamtin auf Lebenszeit!! Was gibt es also zu meckern? Ihre Verbeamtung ist doch ein Zeichen dafür, dass sich Dinge in Deutschland zum Positiven verändern! Heute dürfen immerhin auch Ausländer in der Rausländerbehörde arbeiten, das ist doch ein großer Erfolg!!« Wenn alles nur so wäre, wie es aussieht, Deutschland. Sicher bin ich irgendwie Teil eines Veränderungsprozesses, eines sehr langsamen Prozesses, und sicher bin ich mehr als eine Kesselreinigerin – in Bezug auf die berufliche Qualifikation –, aber gleichwertig behandelt werde ich deshalb nicht von Dir, obwohl ich genau da hinwill, was nicht heißt, dass ich für die berufliche Chance innerhalb Deiner Verwaltung nicht dankbar bin.

Wie ich bereits in meiner Einleitung erzählte, habe ich mal so ein grandioses Kompliment von einem »Spitzenpolitiker« erhalten, das in mir eine unbeschreibliche Freude hervorgerufen hat. Im Rahmen des Europäischen Polizeikongresses habe ich einmal eine Diskussion moderiert, an der neben dem Verfassungsschutz auch der grüne Tübinger Oberbürgermeister Boris Palmer teilnahm. Gemeinsam mit den Kollegen (es waren tatsächlich ausschließlich Männer. Eigentlich genderst Du Dir doch voll einen ab und dann so etwas?) wurde über Integration diskutiert, und irgendwann sagte Boris Palmer auf dem Podium zu mir:

»Dass Integration gelingen kann, sieht man doch an Ihnen, da hat es doch auch prima funktioniert.« Ich antwortete ihm etwas irritiert, dass ich Deutsche sei, daraufhin sagte er: »Ja, dann muss es bei Ihren Eltern eine gelungene Integrationsgeschichte gegeben haben!« Endlich hat das mal jemand erkannt, ohne meine Eltern zu kennen, wow!! Nach der Veranstaltung kam Palmer noch mal auf mich zu und sagte: »Frau Lamroubal, Sie wissen ja, wie ich das meine, richtig?« Ja, das wusste ich auf jeden Fall, und das ist genau mein Problem!

Was will ich Dir damit sagen, mein allerliebstes Deutschland (okay, das war jetzt etwas übertrieben)? Ich kann es so weit schaffen, wie ich will, mein Migrationshintergrund steht immer im Vordergrund. Ich wünschte also, der Migrationshintergrund würde tatsächlich da sein, wo Du sagst, im Hintergrund. Manchmal frage ich mich, wieso mir das eigentlich so wichtig ist?!

Meine Mutter war anfangs auch nicht da, wo sie hinwollte. Alles war neu und »fremd« *für sie*. Aber irgendwann war sie gewissermaßen angekommen, wenngleich es wahrscheinlich auch die Angst war, die eine Bindung an Dich, Deutschland, erzeugte. Eine gewisse Abhängigkeit, die wuchs. Wir Kinder standen für sie im Fokus, und sie war der festen Überzeugung, dass Du gut für uns bist.

Es war bereits in sehr jungen Jahren meine allergrößte Angst, dass meine Mutter uns irgendwann verlassen würde, das sagte ich Dir ja bereits, Deutschland. Oft überkam mich die Angst vor dem Schlafengehen, es waren Verlustängste, da meine Mutter alles für mich war und ich wusste, dass ihr

Tod das Schlimmste wäre, was mir widerfahren konnte. So schlief ich oft mit dieser unbeschreiblichen Angst ein, sie könnte eines Tages einmal nicht mehr da sein, doch wenn ich morgens wach wurde, spaltete ich das Gefühl ab, funktionierte, spielte. Ich weiß, dass in meiner Hood viele das Gleiche machten. Ich liebte meine Hood, weil mich hier so viel mit anderen verband. Als Kind war ich oft sehr stolz zu sagen, dass ich aus Weckhoven, einem Standteil von Neuss, kam, denn dann hatten die Leute direkt Respekt, und wenn ich dann noch sagte, wer mein Bruder war, dann mussten sie meistens ganz schnell weg. Einen so »mächtigen« Bruder zu haben, brachte mir viele Vorteile, aber auch einige Nachteile. Niemals hätte ein Junge gewagt, mir ein Kompliment zu machen oder mich zu fragen, ob ich »mit ihm gehen will«, und wenn ich mal fragte, ob denn irgendwas an mir hübsch sei, hieß es sehr oft: »Nö, Du bist voll hässlich« »Kannst Du Deine Haare überhaupt kämmen?« Äh, Deutschland, bitte kein Mitleid, noch heute werde ich gefragt, ob ich meine Haare durchkämmen kann. Hallo? Es sind keine Drahtseile oder Gestrüpp, was da aus meiner Kopfhaut wächst. Was soll die Frage bitte?

Ich kam langsam in ein Alter, in dem ich eine gewisse Entwicklung machte und mir als Jugendliche Räume kreierte, die mir Kraft gaben. Tanzen und Musik gehörten dazu. Schon früher war ich häufig in unserem Kinderzimmer vor dem Kassettenrekorder und wartete auf Lieder im Radio, um sie aufzunehmen. Danach lernte ich sie auswendig. Die Texte sitzen bis heute. Die »englischen« Texte machten nur leider sehr wenig Sinn. Für mich sang Michael Jackson ganz klar: »Äni äni woki«. Im Erwachsenenalter stellte ich dann mit Erschrecken fest, dass es in Jacksons Lied »Smooth Criminal« eigentlich heißt »Annie, are you okay?« Ein klitzekleiner Unterschied. Für mich heißt es dennoch »Äni äni woki«. Meine Mutter hörte mich oft aus dem Kinderzimmer singen. Sie wusste inzwischen, wer Michael Jackson und R. Kelly waren. Egal, wie befremdlich diese Musikrichtung auf sie wirken mochte, feierte sie doch oft mit auf diese Musik. Wenn es ganz still war, wussten wir, dass gleich wieder eine Showeinlage von ihr kommen würde. Meist zog sie sich die XXL-Baggy-Jeans meines Bruders und sein Baseball-Cap an und machte unbeschreibliche Moves. Wir lagen auf dem Boden vor Lachen. Es waren solche Momente, die mich zu dem glücklichsten Kind überhaupt machten. Meine Mutter liebte es, uns glücklich zu sehen, und hierfür war ihr kein Preis zu hoch. Hättest Du gedacht, dass unser Alltag so aussehen würde, Deutschland? Verstehst Du jetzt meine Definition von Vorbild, Deutschland? Das ist »da, wo ich herkomme«...

Auch wenn klar war, dass meine Mutter den Kampf gegen ihre Krankheit wahrscheinlich verlieren würde, war es mir niemals möglich, genau das zu verinnerlichen und in irgendeiner Form schon Abschied zu nehmen, um auf den Verlust vorbereitet zu sein. Aufgrund der sprachlichen Problematik (hier geht es natürlich lediglich um die deutsche Sprache) war ich natürlich häufig bei den Arztterminen dabei, und somit wusste ich dann auch ziemlich früh, dass es keine Chancen geben wird, aber der Glaube an ein Wunder war so groß, dass ich die Angst und den Schmerz erst mal verdrängte. Im Verdrängen war ich besonders gut. Ich frage mich oft, wo DU eigentlich in der Zeit warst, Deutschland? In einer Zeit, in der ich Dich sicher gebraucht hätte.

Manchmal nehme ich es Dir übel, vor allem in Situationen, in denen Du so tust, als wärst Du an meinem »Erfolg« beteiligt. Als wäre meine Entwicklung auch Dein Verdienst, weil Du mir Chancen geboten hast und mich gefördert hast. Das ist schon ziemlicher Bullshit, Deutschland, denn alles, was ich bin, bin ich, weil meine Mutter es aus mir gemacht hat. Gleiches gilt für meine Geschwister, die auch nichts im Leben geschenkt bekommen haben. Der einzige Grund, wieso ich nie aufgegeben habe, ist, weil ich wusste, dass es meiner Mutter das Herz gebrochen hätte. Meine Mutter hat Unbeschreibliches geopfert, und das auch ohne Deine Unterstützung, einfach weil sie war, wer sie war, mit all ihren wunderbaren Eigenschaften, die Dir verborgen geblieben sind, Deutschland.

Es gelang mir dennoch nicht, sie immer stolz zu machen, denn das Gymnasium war dann erst mal eine Nummer zu groß. Nicht, weil es mir an der nötigen Intelligenz fehlte, sondern weil so viele andere Dinge ausschlaggebend dafür sind, ob man es an einem Gymnasium schafft oder nicht. Und es sind sicher nicht nur die Kinder- und Jugendlichen, die entscheiden, wer dort hingehört, sondern vor allem die Lehrerinnen und Lehrer, die leider oftmals dazu beitragen, dass »wir« die anderen bleiben und uns ziemlich schnell den Stempel »verhaltensauffällig« verpassen. Ich erinnere mich zu gut daran, als wir in Erdkunde über Afrika sprachen und sie mich als Beispiel für einen Teil von Afrika nannten und mich darum baten, ein wenig darüber zu erzählen. What the fuck? Woher soll ich bitte wissen, wie es überall in Afrika ist? Ich war damals froh, überhaupt zu wissen, dass Marokko zu Nordafrika zählte und dass Shaka Zulu nicht aus Nordafrika stammte. Ein anderes Beispiel war meine

Französisch-Lehrerin. Als sie neu in meine damalige Klasse kam, fragte sie mich sofort, wo ich herkomme. Damals antwortete ich noch »aus Marokko«, und schon begann sie wie ein Wasserfall auf Französisch zu erzählen. Irgendwann bemerkte sie dann, dass sich der Dialog zu einem Monolog entwickelte: »Sag bitte nicht, Du sprichst kein Französisch, Sound! Du bist doch aus Marokko, da wird doch auch Französisch gesprochen, und Ihr wart doch auch mal französische Kolonie!« Waren wir das???

Meine Tage auf dem Gymnasium waren also gezählt, aber der Wunsch, gehört zu werden, war immer noch in mir. Ich hatte mich nur irgendwann damit abgefunden, dass ich hier lieber mal ganz leise bin. Dann allerdings passierte etwas, das mir meine Zeit auf dem Gymnasium sehr versüßte: Ich traf endlich jemanden, der mein Schicksal teilte und sich anscheinend auch auf das Gymnasium »verirrt« hatte.

Das Schicksal führte uns bereits in der 6. Klasse zusammen, zu unserer Freude und zum Bedauern der Lehrerinnen und Lehrer. Wir waren wirklich sehr kreativ, wenn es darum ging, das gesamte Klassenzimmer auf den Kopf zu stellen. Nun waren wir ja nicht mehr alleine, sondern wir hatten uns, und ich freute mich wieder auf die Schule. Die Zeit hielt nicht lange an, da leider die Noten darüber entscheiden, ob man versetzt wird, und nicht die Lautstärke. Wirklich schade! Weißt Du, Deutschland, dass das alles nur der verzweifelte Ruf war, gehört zu werden? Dass wir schon damals eine Stimme wollten? Natürlich blieb Dir unser Talent verborgen, uns machtest Du irgendwann unsichtbar, denn wir kamen einfach aus der falschen Hood und hatten zu viel Power und »Temperament«. Wie oft sagte mir mein Freund später – wir kannten uns all die Jahre danach und haben auch beruflich ähnliche Qualifikationen –, wie lustig er es findet, dass wir heute auch Lehrerinnen und Lehrer in unseren Vorträgen und Fortbildungen haben, um ihnen zu zeigen, wie man einen angemessenen Umgang mit Migration in der Schule »erlernt« und wieso man Kinder, die auf den ersten Blick nicht biodeutsch aussehen, nicht bitten sollte, Köstlichkeiten aus ihrer Heimat mitzubringen.

Ich bin für diese rebellische Zeit auf dem Gymnasium überaus dankbar, und ich bin dankbar dafür, dass ich sie mit einem besonderen Menschen (Ruhe in Frieden) erleben durfte, denn das war die einzige Zeit, in der ich mich wirklich zugehörig fühlte. Tja, Deutschland, das klingt wahrscheinlich etwas komisch für Dich, dass ich nicht geschrieben habe, »dankbar dafür, wenige Jahre Schülerin auf einem Deiner Gymnasien gewesen zu sein«. Willst Du wissen wieso? Weil diese Zeit größte Identitätskonflikte in mir hervorrief und mich auf alles reduzierte, was ich hatte, und vor allem auf das, was ich nicht hatte. Meine Eltern waren keine Akademiker, reich waren wir auch nicht, wir lebten auch nicht mit wenigen Menschen in einem riesigen Haus, sondern mit seeeeehr vielen in einem Hochhaus.

Um diese Identitätskonflikte ging es zu Hause nie. Ich habe meiner Mutter nie berichtet, wie schwer es für mich war, in solchen Strukturen wie der Schule zu funktionieren und dass ich in den allermeisten Fällen dem Unterricht nicht folgen konnte, weil mir Materialien fehlten. Ich tat lieber so, als wäre alles okay, ich ließ blaue Briefe verschwinden und fälschte die Unterschriften unter den Klassenarbeiten. Zu Hause hatten wir andere Probleme, und es hätte mir das Herz gebrochen, meiner Mutter die Freude zu nehmen, sagen zu können, dass ich auf ein »Güminasium« gehe, und so hielt ich durch und machte mein Ding. Siehst Du Deutschland, ich habe tatsächlich eine kriminelle Ader entwickelt, das alles aus Not, aus Angst, aus Verzweiflung.

Ich beobachtete bereits im Kindesalter sehr viel, und ich beobachtete meine Mutter häufig dabei, wie sie in Gedanken versunken war. Ich wusste, dass dieser Kampf viel mit ihr gemacht hatte, diese ganze Zeit seit ihrer Ankunft bei Dir, Deutschland. Ich finde es schade, dass Du nie mit ihr gesprochen hast, Deutschland. Dafür haben ihr Deutsch und Deine Menschlichkeit nicht ausgereicht, dafür war sie aus dem falschen Stadtteil, dafür gehörte sie für Dich zu sehr zu »den anderen«, zu den Unsichtbaren, Du weißt doch. Wir Kinder setzten viel daran, dass meine Mutter auf keinen ihrer Ansprüche verzichten musste. Vor allem bei der Bewältigung von bürokratischen Hürden waren wir stets präsent. So hatten wir auch in Erfahrung bringen können, dass es die Möglichkeit gab, ihre Krankheit als Schwerbehinderung anerkennen zu lassen, und nach wenigen Monaten hielt meine Mutter voller Stolz den Schwerbehindertenausweis in der Hand. Wieso voller Stolz, willst Du wissen, Deutschland? Nun ja, da gab es diese ältere Dame, die regelmäßig mit meiner Mutter im Bus saß. Meine Mutter mochte es immer, in der Nähe des Ausstiegs zu sitzen, weil sie Angst hatte, ihre Haltstelle zu verpassen. Genau wie sie all die Jahre noch Angst vor Rolltreppen hatte. Das Problem war leider, dass der Platz, auf dem sie gerne saß, ausschließlich für Schwerbehinderte reserviert war. Meine Mutter konnte das Zeichen anfangs nicht deuten oder schenkte ihm keine besondere Beachtung, aber dafür hast Du ganz viele Vertreter_innen, die einen darauf hinweisen, wenn man etwas falsch macht. Von denen gibt es auch heute noch unzählige. Sollte man mal versehentlich Müll verlieren oder diesen als Kind absichtlich auf den Boden werfen, kommen Deine Agenten hervor: »Hallo!!! Sie haben da etwas verloren!!!! Machen Sie das auch so da, wo Sie herkommen??« Oder sollte man mal als Fußgänger eine rote Ampel überqueren: »Hallo!!!!! Die Ampel ist rot!!! Machen Sie das auch so da, wo sie herkommen?? Hier in Deutschland gibt es Gesetze!!!« Meine Mutter saß also auf dem begehrten Platz, als die ältere Dame sie ertappte und zu meiner Mutter sagte: »SIND SIE BEHINDERT? DER PLATZ IST FÜR BEHINDERTE!« Meine Mutter verließ den Platz natürlich, ohne jeglichen Widerstand zu leisten. Vergessen hatte sie das Ereignis aber nie, daher war das Erste, was sie tat, nachdem sie den Schwerbehindertenausweis in der Hand hielt, natürlich mit dem Bus zu fahren und sich entspannt auf ihren Lieblingsplatz zu setzen, und sie hoffte immer und immer wieder, diese ältere weiße Dame zu treffen, und an einem Tag war das Glück tatsächlich mit ihr. Natürlich wurde meine Mutter direkt wiedererkannt, es folgte die rhetorische Frage, ob meine Mutter denn behindert sei! Voller Stolz und auch ein wenig schadenfroh sagte sie: »JAAAAAA, ICH BIN BEHINDERT!!!« und machte es sich auf dem Sitz sehr gemütlich. Welch ein Meilenstein...

Dann kam eines Tages, was unvermeidlich kommen würde. Ihr Verlust traf mich so hart, er löste einen Schmerz aus, von dem ich nicht einmal wusste, dass er existiert. Wer war ich jetzt noch? Wo gehörte ich hin? Wer wird mich in dieser Art lieben? Wer für mich kämpfen? Wer kann mir nun ein Vorbild sein? Dass mein Vater dieser Rolle nicht gerecht werden konnte, war klar, natürlich auch, weil die Rollenverteilung klar war, aber vor allem, weil meine Mutter einzigartig war. Bestätigen sich Deine Vorurteile, Deutschland? Wegen der Rollenverteilung, meine ich?

Wo warst Du in dieser Zeit, Deutschland, in der ich mehr Sicherheit, Förderung, Beständigkeit, Schutz und Unterstützung gebraucht hätte? Oft habe ich Dich gesucht, aber nie gefunden, zumindest nie als Helfer. Allein gelassen fühlte ich mich aber nicht nur von Dir. In diesen Momenten wurde mir klar, wie wenig es bringt, aus einer Megafamilie zu kommen, die hauptsächlich noch in Marokko oder anderen Teilen Europas lebt. Viele Menschen blickten auf uns, beobachteten uns, hatten sicherlich auch Mitleid, aber ich erinnere mich nicht an einen Moment, wo wir großartige Unterstützung von Bekannten, Verwandten und anderen Personen erhalten hätten. Ich spürte oft diese Blicke, viele waren neugierig und gespannt, was aus mir werden würde. Das alles war natürlich mein Empfinden, doch vielleicht ist Vieles auch einfach an mir vorbeigezogen, da der Schmerz mich außer Gefecht setzte, weil ich vieles abspaltete, sogar die Realität. Heute weiß ich, dass man dieses Abspalten der Realität »Dissoziation« nennt, ein wirklich schweres Wort. Heute weiß ich vor allem, dass es eine Schutzfunktion ist und meist dann entsteht, wenn wir Erfahrungen gemacht haben, die uns im bösen Sinne überwältigen, die unsere Psyche einfach überfordern. Das hättest Du mir ruhig früher erklären können, Deutschland. In der Zeit, in der ich dachte, dass ich verrückt werden würde, eine Psychose oder ähnliches entwickeln würde. Hätte ich über meinen Schmerz sprechen können, ihn verarbeiten können, hätte ich sicherlich nicht alle Ärzte verrückt gemacht und die Krankenkasse fast pleite, weil ich der festen Überzeugung war, dass dieser Zustand etwas mit einer organischen Erkrankung zu tun haben musste.

Keine Einbildung war das abgrundtief bescheuerte Verhalten vieler Menschen wie einer Nachbarin, die derart neugierig war, dass sie über unseren Balkon kletterte, der sich im Hochparterre befand, in unsere Wohnung schlich und schaute, wie so »die Zustände« sind. Sogar der Kühlschrank wurde inspiziert. Für sie hätte meine Mutter auf jeden Fall den passenden Spruch gehabt ... wie schade.

Ich existierte also einfach. Oft frage ich mich, woher ich die Kraft nahm. Wie ich es schaffte, nicht wirklich abzurutschen? Eigentlich hätte ich allen Grund dazu gehabt. Heute bin ich froh darüber, wer ich geworden bin, und der Anblick meiner Geschwister erfüllt mich mit Stolz, denn auch sie sind wahre Survivor! Deutschland, jetzt, wo Du Bruchteile aus meiner Geschichte kennst, bist Du sicher nicht nur überrascht, dass ich so gut Deutsch kann, sondern auch, dass ich heute in stabilen Verhältnissen und nicht in der Gosse gelandet bin.

Vieles hatte ich nicht, und einiges hatte ich dennoch. Meine Bescheidenheit und Kreativität habe ich meiner Vergangenheit zu verdanken, und die schönsten Erinnerungen geben mir noch heute Kraft. Ich beobachte häufig die heutige Jugend, vor allem meinen Sohn, der inzwischen 18 Jahre ist, und in manchen Momenten schüttele ich den

Kopf, habe Mitleid und bin einfach ratlos. In anderen Situationen bin ich erleichtert, dass es einigen wirtschaftlich besser geht als uns damals. Wirtschaft verändert aber nicht die Hautfarbe, zumindest nicht dauerhaft und nachhaltig, aber zu meinem Sohn komme ich später noch.

Wir waren früher mit sehr wenig zufrieden, eine gemischte Tüte Bonbons für 50 Pfennige war für uns ein absolutes Highlight, und weil wir so wenig hatten, blieb es immer etwas Besonderes. Man freute sich über jede kleine Süßigkeit. Damals wussten wir natürlich noch nicht, dass Gelatine uns einen Strich durch die Rechnung machen würde. Süßigkeiten waren das, was sie für Kinder sein sollten: etwas ganz Besonderes und nichts Selbstverständliches. Hier fällt mir die Geschichte meines Bruders ein, der ein kleines schwarzes Teil auf dem Boden des Kinderzimmers entdeckte und der Überzeugung war, es sei Lakritz. Voller Freude schnappte er es sich und schob es sich blitzschnell und ohne zu überlegen in den Mund. Natürlich war der Grund für seine schnelle Reaktion, dass er es auf gar keinen Fall mit uns teilen wollte. Leider war der erste und dann auch letzte kräftige Biss mehr als schmerzhaft, denn anstatt der erhofften Lakritze war es das Stück eines zerbrochenen Kleiderbügels.

Auch andere Situationen weckten tiefe Bescheidenheit in mir und uns, denn wir waren häufig auf Dinge angewiesen, die andere nicht mehr benötigten, also stöberte ich mal im Sperrmüll herum, und hier gab es das ein oder andere tolle Fundstück. An einem Tag entdeckte ich eine Kiste, die wirklich nach einem grandiosen Fund aussah, einem richtigen Schatz. Wir versuchten, sie anzuheben, was uns nur mit maximalem Krafteinsatz gelang. Das musste etwas seeeeeehr Wertvolles sein, und deshalb entschieden meine Geschwister und ich uns, die kostbare Truhe nach Hause zu schleppen. Ganz sicher holte ich mir hier meinen Bandscheibenvorfall. Zu Hause angekommen, waren wir sehr gespannt auf den Inhalt und konnten es kaum erwarten, sie zu öffnen. Was wir vorfanden, war aber nicht das, was wir ahnten oder erhofften, sondern: ein riesiges Kreuz aus Eisen. Dass dieses Kreuz wieder schleunigst auf den Sperrmüll zurück musste, muss ich sicher nicht erklären. Ein wuchtiges Kreuz in einem islamischen Haushalt?? No way!!!!

In unserer bescheidenen Welt war also immer was los, und auch heute, wenn ich mir die Erinnerungen zurückrufe, sind sie so verdammt präsent. Ja, Deutschland, ganz sicher ist auch das »Da-wo-ich-herkomme« – nur zurückgehen, das kann ich nicht so einfach. Ist es das, was Du hören wolltest?

Wir hatten nicht viel Geld, aber das machte uns äußerst kreativ. Meine beiden Schwestern hatten in der Kindheit auch mal eine Idee, die ich tatsächlich in der Art noch nicht gehört habe. Sie waren in einem Alter, in dem man anfing, seine Weiblichkeit zu entdecken, und in der Phase spielten natürlich Make-up und Schminke eine große Rolle. Mal abgesehen davon, dass mein ältester Bruder ihnen anstatt roter Lippen lieber dicke Lippen verpasst hätte, blieb es ein ganz normales Bedürfnis. Ja, Deutschland, auch wir hatten und haben ganz normale Bedürfnisse. Vor unserem damaligen Wohnblock stand ein altes, runtergekommenes Einfamilienhaus. Wir nannten es »Hexenhaus«.

Hier verbrachten wir viel Zeit. Vor dem Haus gab es einen Kastanienbaum und einen Walnussbaum, an dem wir uns natürlich regelmäßig bedienten. Genau hier machten meine Schwestern eine Superentdeckung: Die Schale der Walnüsse färbte die Lippen, wenn man sie nur lange und feste genug an ihnen rieb. Dass meine Schwestern an diesem Abend nichts anderes tun würden, ist schon klar, oder? Am nächsten Morgen wachten sie mit so überdimensionalen, entzündeten Lippen auf, dass wir uns nicht sicher waren, ob ihnen über Nacht nicht vielleicht doch ein Pavianarsch im Gesicht gewachsen war. Obwohl es schon unzählige Jahre her ist, lachen die beiden noch heute Tränen, wenn sie über dieses Ereignis sprechen.

Ich versuchte oft, etwas anderes zu sein, als ich war, und gerade meine äußerlichen »Besonderheiten« waren für viele befremdlich. Und ob Du es glaubst oder nicht, Deutschland, innerlich begann auch ich, sie gewissermaßen abzulehnen. »Black is Beautiful« ist sicher kein Konzept aus meiner Zeit. Was mich immer sehr irritierte war, dass man auch im Heimatland meiner Eltern mit Menschen dunklerer Hautfarbe nicht wirklich positiv umging. Das wurde mir immer klar, wenn wir in Marokko auf Hochzeiten eingeladen waren und die Bräute so sehr in weißen Gesichtspuder eingetaucht waren, dass es mir Angst machte. Ich dachte mir bereits als Kind, dass es nicht sein kann, am »schönsten Tag des Lebens« so hässlich auszusehen, und blass und krank dazu. Dazu gehörten natürlich noch die knallroten Lippen und gebügeltes Haar. Wenn ich heute darüber nachdenke, sehe ich den klaren Zusammenhang zu einer abwertenden Haltung gegenüber der eigenen

Hautfarbe und eine gewisse Scham. Auch ich freute mich als Kind immer darauf, wenn meine Mutter mir die Haare glättete. Natürlich hatten wir kein Hightech-Glätteisen, sondern einfach nur ein Bügeleisen. Die Haare waren danach auf jeden Fall glatt. Na ja, verbrannt auch, nicht nur die Haare, auch die Ohren.

Aber auch hier versuchte meine Mutter wieder, alles möglich zu machen, und mit geringsten Mitteln erreichte sie Maximales. Ich fühle mich noch heute in ihrer tiefen Schuld, und obwohl ich noch ein Kind war, träume ich sehr oft davon, wie ich ihr die guten Dinge, die sie für mich getan hat, wiedergebe. Vor allem aber träume ich davon, wie ich ihr Dinge ermögliche, die ihr fehlten. Wie ich ihr ihre Wünsche erfülle, die sich nie erfüllten, wie ich sie in manchen Momenten sorgenfrei mache, mit ihr shoppen gehe, mit ihr reise, mit ihr Restaurants besuche und mit ihr nach Marokko fahre, ja, mit meinem Auto und einer Klimaanlage, und ihr dort eine sorgenfreie Zeit bereite und wir auf der Autofahrt nach Marokko die wunderschönen Städte auf der Strecke besichtigen, in Hotels übernachten, sie nicht kochen muss, eine Zeit, in der sie nicht aufs Geld schauen muss und einfach zur Ruhe kommt. Dennoch: Sie würde es wohl eher nicht annehmen, denn sie war die Bescheidenheit in Person, und ihre größte Freude war es, anderen Menschen eine Freude zu machen, zu spenden, obwohl sie selbst nicht viel hatte, und für jeden gute Worte fand, egal wie böse manche Menschen waren. All das blieb Dir verborgen, Deutschland, denn Du machst solche wertvollen Menschen unsichtbar...

Meine Mutter hatte sicherlich viel zu lachen mit uns. Wie gerne würde ich heute über meine Kindheit mit ihr sprechen, mit der Erfahrung der Erwachsenen. Wie sehr würde mich ihre Perspektive interessieren. Wie gerne würde ich ihr dabei zuhören, wie sie die alten Geschichten auspackt und während ihrer Erzählungen so herzlich lacht, dass man eigentlich kein Wort versteht. Wie schade, dass Du all dies nicht erkennen kannst, Deutschland. Wie schade, dass Du hauptsächlich nur Amtsdeutsch sprichst und Dir so viel verborgen bleibt. Ja, das tut mir wirklich sehr leid für Dich.

Auch wenn viele Dinge selbst mir verborgen blieben, war ich bereits als Kind ein Mensch, der sich ständig Gedanken machte und Ideen entwickelte. Einige Ideen bezogen sich auf positive Zukunftspläne, andere hätten mich sicher in den Knast gebracht. Ich habe mich auch sehr oft in meiner Kindheit gefragt, was ich eigentlich werden will, und gleichzeitig war mir die Auseinandersetzung mit dieser Frage nur eingeschränkt möglich, da ich ja bereits vieles war: Sozialarbeiterin, Dolmetscherin und Verwaltungsangestellte. Jetzt musste ich nur noch zusehen, wie ich damit Geld verdienen konnte. Ich kann mich noch sehr gut daran erinnern, wie ich im Rahmen eines Berufsorientierungsgesprächs von einem Mitarbeiter der Bundesagentur für Arbeit gefragt wurde, ob ich denn schon eine Idee hätte, was ich werden will. Ich musste nicht lange nachdenken, bevor ich antwortete: »Das, was Sie da machen, finde ich cool.« Er schaute mich sehr irritiert, aber auch etwas mitleidig an. Natürlich löste das lediglich Ehrgeiz in mir aus. Immerhin war meine Mutter der festen Überzeugung, dass ich Anwältin werden kann, und wer kannte mich besser als sie? Es war also nicht leicht, mich in meiner rebellischen und selbstbewussten Phase zu stoppen, und das ist heute auch nicht anders. Mit meiner beruflichen Entwicklung beschäftigte ich mich aber nur nebenbei, hauptsächlich war ich mit Überleben beschäftigt.

Die Zeit nach dem Verlust meiner Mutter war voller Konflikte. Voller Kämpfe höchster Intensitätsstufe. Ich war konfrontiert mit der Vergangenheit und mit den Herausforderungen der Gegenwart, so war jeder Tag eine neue Challenge. Hier zahlte sich meine früh erlernte Selbstständigkeit aus. Wenn du wenig hattest, vermisst du auch erst mal nichts. Doch die Liebe meiner Mutter fehlte mir und ihre Bestätigung, der gute Zuspruch und die Motivation. Es hat lange gebraucht zu verstehen, dass diese Liebe unersetzlich bleibt, und es war schwer, dies zu akzeptieren. Es vergingen sehr viele Jahre, in denen bestimmte Tage tiefe Traurigkeit in mir auslösten, teilweise gibt es sie auch heute noch, doch in reduziertem Maße. Am schwierigsten waren die offiziellen islamischen Feiertage. Die, an denen die Familie zusammenkommt. Viele dieser Jahrestage verbrachte ich alleine oder an Orten, die so gar nichts mit Islam zu tun hatten. Das alles tat ich, um zu verdrängen. Viel brachte es mir nicht, aber es war für mich eine Art Überlebensstrategie. Mir war klar, dass kaum jemand verstand, wie ich mich fühlte und wieso ich Dinge oft anders erscheinen ließ, als sie tatsächlich waren, wieso ich so viel überkompensierte und tat, als wäre alles gut und als hätte ich keine Hilfe nötig. Dir zeigte ich es auch nicht, Deutschland, dafür fehlte mir das Vertrauen in Dich. Es hat lange gedauert, bis ich es selbst verstand, und heute weiß ich, dass es Angst war. Das hätte ich früher natürlich niemals gesagt, dafür war ich viel zu cool. Also nicht, dass ich es heute nicht auch wäre. Nein, nicht ängstlich, cool natürlich! Die Zeit formte mich, machte mich stark, brachte mich häufig an meine Grenzen. Oftmals war ich hin- und hergerissen zwischen dem, was ich eigentlich sein sollte, und dem, was ich wirklich bin. Es gab in mir vor allem große kulturelle und religiöse Konflikte, die ich nicht immer richtig lösen konnte, und daher waren gewisse Entscheidungen, die ich traf, meist nicht nachvollziehbar und auch nicht von langer Dauer. Ich durchlebte einen Prozess, musste vieles erlernen, vor allem, mich selbst finden und kennenlernen. Genau das erzeugte aber enorme Furcht in mir, denn eigentlich hatte ich mich doch dafür entschieden, vieles abzuspalten, nicht zu fühlen und hauptsächlich vor mir selbst zu flüchten. Hättest Du mich besser aufgefangen, Deutschland, wäre mir eventuell etwas erspart geblieben. Ich war ein Kind, ja, ein schutzbedürftiges und verletztes Kind. Vielleicht für Dich mit der falschen Hautfarbe, vielleicht aus der falschen Gegend, vielleicht aus den falschen sozialen Verhältnissen, aber ich war ein Kind. Wusstest Du das denn nicht, Deutschland? Ich war sicherlich nicht die einzige, auch heute gibt es unzählige Kinder, die Dich brauchen, vor allem an den Orten, wo Du Dich nur selten blicken lässt. Vielleicht weißt Du ja nicht, wie Du genau diesen Menschen helfen solltest, diese Menschen sind ja anders, haben ganz besondere und eigenartige Bedürfnisse, richtig? Bei den meisten meiner Entscheidungen spielten die Themen Zugehörigkeit, Identität und Liebe die zentralste Rolle. Ist es denn nicht immer so, Deutschland? Meist suchen wir nach Dingen, die wir nicht hatten, und kehren dennoch zurück zu Mustern, die wir kennen, und seien sie noch so destruktiv. Wir versuchen, Dinge wiedergutzumachen. Dinge, die wir in unserer Kindheit nicht gut machen konnten, einfach weil wir Kinder waren. Wir wollen ein Happy-End, Frieden schließen. Da unterscheiden wir uns wirklich nicht, Deutschland.

Etwas, das wir sicherlich nicht hatten, war Sicherheit, zumindest keine finanzielle. Die ständigen Behördengänge hatten meinen Vater inzwischen schon fast traumatisiert und uns auch. Diese Abhängigkeit und Überforderung existieren weiter, hier verstehe ich Dich immer noch nicht, Deutschland. Auch wenn ich seit 16 Jahren Teil Deiner Verwaltung bin.

Meine Motivation, Beamtin zu werden, war letztendlich die Überforderung aus der Vergangenheit. Ich wollte niemals wieder in diesen Zustand der Abhängigkeit zurückversetzt werden, und ich wollte Menschen helfen, weil ich weiß, dass hier immer noch sehr viele Ängste und erhebliche Barrieren vorhanden sind. Nicht der Beruf alleine faszinierte mich, sondern es war der große Wunsch nach Sicherheit und die Möglichkeit, anderen zu helfen. Menschen, die kein Amtsdeutsch sprechen und Menschen, die ihre Rechte nun mal nicht kennen. Menschen, die mit den gesetzlichen Grundlagen nicht vertraut waren und sind. Wie sollte es auch anders sein? Es gibt kaum Angebote, die es ermöglichen, in einfacher Sprache Anträge zu stellen. Wie lange wünschen sich auch Einheimische eine einfache Sprache und »Bescheide«, die schlicht verständlich sind. Du kannst mir nicht sagen, dass Du das nicht längst weißt, Deutschland. Du kennst die Not und die Verzweiflung, doch auch Du hast Angst vor Veränderung, ich weiß. Mir geht diese

Verzweiflung nah. Natürlich auch, weil ich sie hautnah als »Betroffene« bei meinen Eltern und unzähligen Verwandten und Bekannten erlebt habe und größtenteils noch erlebe, auch wenn ich inzwischen auf der »anderen Seite« stehe.

Ich bin mir aber auch darüber im Klaren, dass ich nicht mehr als ein kleiner Floh in einem riesigen Verwaltungsapparat bin, der nicht immer zum Ziel hat, Menschen zu helfen, sondern in erster Linie, die Gesetze umzusetzen, und dazu gehört auch, negative Entscheidungen zu treffen und auch dahinter zu stehen. Im Jahr 2011/2012 geriet ich hier zum ersten Mal an meine Grenzen, als die Unruhen in Libyen einen Ausnahmezustand in der Ausländerbehörde hervorbrachten. Ich sah die verzweifelten Menschen, und ich sah auch Deine klare Rechtslage, und als Verwaltungsmitarbeiterin hat man, entgegen vieler Gerüchte, nicht immer Ermessensspielraum, und daher muss man eine emotionale Distanz wahren, sonst ist der Job einfach nicht möglich, zumindest nicht im Sinne des Dienstherren. Aus Libyen kamen damals sehr viele Tourist_innen nach Bonn. Viele kamen aufgrund der guten medizinischen Behandlung für einen kurzfristigen Aufenthalt oder einfach, um Urlaub zu machen. Nachdem der Krieg in ihrer Heimat ausgebrochen war, suchten sie Schutz bei Dir und versuchten, ihren Aufenthalt zu verlängern, weil eine Ausreise in ihre Heimat schlichtweg nicht möglich war und weil sie einfach Angst hatten. Bei Dir dauerte es allerdings, bis Du die Not anerkanntest, und da wir nun mal Exekutive sind und lediglich Gesetze ausführen, blieb uns leider nur wenig Spielraum. Man benötigt dafür wirklich Kraft und muss in der Lage sein, Gefühle beiseitezuschieben.

Vielen Menschen, die diesen Beruf bewusst wählen, gelingt es, und sie nehmen Dinge nicht unbedingt mit nach Hause. Sie machen ihren Job, und nach Feierabend schalten sie ab. Ich habe mir immer viele Gedanken darüber gemacht, welche Auswirkungen meine Entscheidungen für die Menschen hatten. Es gelang mir natürlich dennoch, auch negative Entscheidungen zu erlassen, aber wollte ich das wirklich? War das der Grund, aus dem ich Teil der Kommunalverwaltung werden wollte? Meine große Angst war, dass ich resigniere, dass mir die Schicksale der Menschen irgendwann egal sein würden und ich mich und die Menschen nur noch als Teil eines funktionierenden Systems wahrnehmen und behandeln würde. Dass Menschen mich um Unterstützung bitten würden und ich antworte: »Wir sind nun mal in Deutschland, wenn Ihnen das nicht passt, dann gehen Sie doch dahin zurück, wo Sie herkommen.« Es besteht immer die große Gefahr, dass man auch negative Muster übernimmt, wenn sie zur Normalität werden. Vielleicht machte ich mir aber auch einfach zu viele Gedanken und hatte einen zu hohen Anspruch an mich. Ich denke, das zählt zu den Eigenschaften, die ich an mir wohl nicht mehr ändern kann. Ich übte den Job so lange aus, wie ich diese Distanz wahren konnte. Dass der Wechsel in einen anderen Fachbereich irgendwann anstehen würde, war auch klar. Ich hatte dennoch oft eine gute Zeit in dieser Ausländerbehörde und das Privileg, in einem tollen Team zu arbeiten. Der Zusammenhalt und die Atmosphäre waren wirklich unglaublich. So stellte man sich eine Ausländerbehörde sicher nicht vor, und was in anderen Ausländerbehörden los ist, sollte ich viele Jahre später noch mit voller Wucht zu spüren kriegen.

Oft werde ich nach Gründen gefragt, wieso die Anzahl von Mitarbeiter_innen mit Migrationsgeschichte nach wie vor so gering ist in der öffentlichen Verwaltung. Als könnte ich für alle Menschen mit Migrationsgeschichte sprechen, Deutschland. Nur weil Menschen so aussehen wie ich, denken sie doch nicht wie ich, und nur weil ich so aussehe, wie ich nun mal aussehe, denke ich doch nicht so, wie ich nun mal denke. Das ist doch logisch, oder? Ich kenne aber ein paar wenige Menschen mit Migrationshintergrund, die Teil einer Verwaltung sind und sich auch mal als Mitarbeiter_innen einer Ausländerbehörde versucht haben. Für einige von ihnen ist es eine Challenge. Sie sehen sich oftmals mit der eigenen Geschichte konfrontiert, das macht sie oder uns emphatisch und sensibel. Gleichzeitig benötigen sie oder wir aber auch die Kompetenz, Dinge zum Guten verändern zu können, das ist nur leider nicht immer möglich. Verwaltungsstrukturen als einen Veränderungsprozess in Bezug auf Migration zu gestalten, ist unbeschreiblich wichtig und gleichzeitig unbeschreiblich schwer. Siehst Du Deine Verwaltung in einem Veränderungsprozess, Deutschland? Oder ist die Veränderung, dass wir Teil Deiner Verwaltung werden und diese aber im Großen und Ganzen so bleibt wie sie ist und wir diejenigen sind, die sich einfach nur wieder an alte Strukturen anpassen? Äußerlich sieht es so aus, als stündest Du für Vielfalt, denn es sieht schön »bunt« aus. Ist das Deine Definition von Wechselseitigkeit? Es sind doch nicht *nur* »wir«, die sich anpassen müssen, bis wir Teil einer starren Verwaltung sind und uns die Möglichkeit, Veränderung zu gestalten, genommen wird. Wenn Du der Meinung bist, dass wir »anders« sind, dann sei offen für Andersartigkeit und pass Dich auch an die migrationsgesellschaftliche Realität an. Es würde vieles einfacher machen, auch für Dich, Deutschland, auch für Dich.

Kennst Du die Stimmen, die der Meinung sind, dass Rassismus etwas aus der Vergangenheit ist? Diese Menschen sind davon überzeugt, dass wir einen sehr positiven Wandel erleben und sie sind immer so schockiert, wenn ich ihnen erzähle, was ich in meinem Alltag erlebe oder was andere Menschen mir zutragen. Oftmals habe ich sogar das Gefühl, dass sie mir nicht glauben, weil sie Alltagsrassismus als etwas Irreales empfinden. Auch wenn mir aus meiner Berufspraxis unzählige Erlebnisse bekannt sind, möchte ich gerne nur bei mir und meinen Erlebnissen bleiben, denn oftmals denkst Du, Deutschland, dass nur die »Nicht-Integrierten« Opfer von Alltagsrassismus werden. Dass auch ich und meine Kinder davon betroffen sind, ist für viele unvorstellbar. Rassismus begleitet mich, seit ich denken kann. Ich erinnere mich an unzählige Situationen im Kindesalter, die mich verletzten und abwerteten. Kinder werden schon sehr früh in das Konzept Rassismus eingeführt. Sie lernen, ihre Privilegien durch Abwertung zu sichern und durch rassistische Denkmuster zu sichern. Auch bei Kindern ist es ein bewusstes Verhalten mit schwerwiegenden Folgen.

Rassismuskritische Arbeit sollte also so früh wie möglich ansetzen. In der Grundschule gewöhnte ich mich an gewisse Sprüche, irgendwann waren sie vorhersehbar. Spitznamen wie »Mambalippe« und »Schnurrbart-Dame« sind nur Beispiele. Heute liebe ich meine vollen Lippen, den Bart habe ich aber inzwischen entfernt, der kam in der Tat nicht so gut. Ich bin auch sehr stolz auf meine Hautfarbe, ich finde sie wunderschön, bei mir und auch bei allen anderen.

Wegen meiner Hautfarbe habe ich im Kindesalter so einiges wegstecken müssen. Ich erinnere mich noch sehr gut an ein Erlebnis. Ich hörte, wie sich zwei weiße Mädchen darüber unterhielten, dass sie bald auf die Sonnenbank gehen wollten, um brauner zu werden. Eines der Mädchen sagte, dass sie braune Haut liebte. Diese Aussage löste in mir große Glücksgefühle aus. Dann drehte sich genau das Mädchen zu mir und sagte zu ihrer Freundin: »Aber nicht so ein Braun wie die, das ist eher Kackbraun« und beide lachten herzlich. Automatisch roch ich ganz unauffällig an meiner Hand. Keine Ahnung wieso, Deutschland! Ich wollte einfach sicher gehen! Im Nachgang machte es mich wütend, aber ich hatte keine Antwort darauf, sondern verfiel in die Rassismusstarre. Kennst Du das Gefühl auch, liebes Deutschland? Eher nicht, oder? Es gibt also schönes Braun und hässliches Braun. Gibt es auch schönes und hässliches Weiß? Ich habe nie davon gehört.

Mein Sohn stellt mir auch häufig die Frage, ob er schwarz oder braun sei und meint, das mache einen großen Unterschied. Ich habe ihn gefragt, was er denn sein möchte, und er sagte »schwarz« und das, obwohl er es als dunkelhäutiger Nordafrikaner wirklich schwer hat. Er verbindet mit schwarzer Hautfarbe ganz andere Dinge, positive Eigenschaften, Coolness, Style, Groove, und deshalb wünscht er sich, so zu sein. Würden Menschen mit schwarzer Hautfarbe positive Eigenschaften verbinden, wäre wahrscheinlich einiges leichter. Hier sehen wir also, dass wir unsere Bilder und Vorstellung von und über andere bewusst steuern können.

Ich habe das große Glück, Mutter von zwei tollen Kindern zu sein. In meiner Rolle als Mutter bin ich aber nun mal keine Migrationsexpertin, sondern Mutter mit einem Übermaß an Emotionen. Dass ich bei Ausgrenzung und Diskriminierung, die sich gegen meine Kinder richten, nicht mit irgendwelchen wissenschaftlichen Studien argumentiere oder in meinen Methodenkoffer greife und Deeskalationsstrategien nach MARSHALL B. ROSENBERG anwende, ist auch klar, oder? Hier herrscht manchmal eine zu hohe oder einfach falsche Erwartungshaltung an mich. Mein Sohn sagte immer, dass ich wie eine Löwin bin und dass er mit der ein oder anderen Lehrerin sogar mal Mitleid hatte. Natürlich war das Mitgefühl meist nur von ganz kurzer Dauer, was ich sogar manchmal verstehen konnte.

Wenn ich also bei meinen Erfahrungen als Mutter von zwei farbigen Kindern bleibe, dann stelle ich fest, dass vor allem mein Sohn es in der Schule nicht immer einfach hatte und meine Tochter ebenfalls negative Erfahrung machte, aus diesem Grund hatten viele Lehrerinnen und Lehrer es manchmal nicht einfach mit mir. Bei den Elternsprechtagen war es deshalb häufig so, dass es viel mehr um das Verhalten der Lehrerinnen und Lehrer ging als um das meines Sohnes. Lehrer_innen sind sehr schnell darin, Kinder mit vermeintlicher Migrationsgeschichte zu stigmatisieren und ihnen – wie bereits gesagt – die Diagnose »verhaltensauffällig« zu verpassen. Schnell wird hier nach den Verhältnissen zu Hause gefragt, und es liegt der Verdacht nah, dass dort doch irgendetwas nicht stimmen könnte. Ich möchte nicht pauschalisieren, aber die Erfahrung zeigt die enormen Herausforderungen, die in Bezug auf Schule und Migration herrschen. Wie oft erlebte ich große Verwunderung, wenn Lehrer_innen mich zum ersten Mal trafen und ihren Ohren nicht trauten, denn ich spreche tatsächlich sehr gutes Deutsch. Da dies für einige irgendwie nicht zusammenpasste, sprachen sie natürlich trotzdem SEEEEEEEEHR LANGSAM, KLAAAAAAAAAR UND DEEEEEEEEEEUTLICH und waren so verdammt belehrend und beratungsresistent. Ich weiß nicht, wieso es manchen Lehrerinnen und Lehrern nicht gelingt, aus ihrer Rolle zu schlüpfen und Eltern auf Augenhöhe zu begegnen. Ich komme mir immer vor, als wäre ich ein Grundschulkind, dem man das Einmaleins erklären muss und das auch nur reden darf, wenn es aufzeigt. Manchmal fehlt tatsächlich nur der Schweigefuchs.

Es gibt zahlreiche Menschen, die an der Kommunikation mit Lehrerinnen und Lehrern verzweifeln. Sie fühlen sich machtlos. Oftmals meiden sie die Kommunikation aus Angst davor, dass das Kind Nachteile erleiden könnte. Sie lassen sich lieber belehren und versuchen, es den Lehrerinnen und Lehrern recht zu machen, denn es soll ihren Kindern ja gut gehen. Für mich ist das nichts, denn so lernen Kinder nicht, sich durchzusetzen, doch gerade im Kampf gegen Ausgrenzung und Benachteiligung ist es so wichtig, nicht aufzugeben und Ungerechtigkeit nicht Normalität werden zu lassen.

Es ist nicht normal, dass Lehrkräfte in der Klasse vor allen anderen Kindern fragen »Wo kommst du her?«, und es ist auch nicht normal, Kinder zu beauftragen, ein Referat über Afrika zu halten, nur weil sie schwarz sind. Nicht normal ist auch, dass Lehrkräfte allen Kindern mit Migrationshintergrund Sprachförderung anbieten, und genauso wenig normal ist es, dass Kinder, die einen Migrationshintergrund oder Eltern mit Migrationshintergrund haben, bereits im Kindergarten auf »sprachliche Defizite« getestet werden müssen.

Deutschland, Du neigst immer wieder dazu zu pauschalisieren und für alle dasselbe Rezept in petto zu haben, doch dort, wo Menschen leben, steht einzig und alleine die Individualität im Vordergrund. Das ist schwer, weil genaueres Hinsehen mehr Aufwand bedeutet. Bevor nun aber meine Kritik am Bildungssystem falsch verstanden wird: Ich kenne auch sehr engagierte Lehrkräfte, und ich kenne auch einige, die einen tatsächlichen Migrationshintergrund haben, und ich kenne die Erfahrungen, die sie in Lehrerzimmern machen und dass es ein großes Thema ist, denn auch innerhalb des Kollegiums wird mit Lehrkräften mit Migrationshintergrund anders umgegangen. Ich stelle fest, dass überall dort, wo es um vermeintliche Macht geht, die Hautfarbe eine besondere Rolle spielt und der Kampf um eigene Privilegien präsenter ist denn je.

Deutschland, ich möchte Dich nur ein wenig für Dein Schulsystem sensibilisieren, und ich möchte Dich bitten, da noch mal genau hinzusehen, denn nicht alles läuft gut. Jetzt, wo mein Sohn die Schule beendet hat, müsste ich mal die Dienstaufsichtsbeschwerden zählen, die ich gegen einige Lehrer_innen eingereicht habe, damit könnte ich wahrscheinlich noch ein Buch füllen. Was ist aber mit jenen, denen diese Mittel nicht zur Verfügung stehen? Ich meine diejenigen, die nicht lesen und schreiben können, die Deine komplizierte Sprache nicht beherrschen. Nicht dass Dienstaufsichtsbeschwerden irgendwie helfen würden, aber für den Moment ist man erleichtert und hat das Gefühl, man wäre diesem Bildungssystem nicht machtlos ausgeliefert. Das kann schon sehr befreiend sein.

Eine kleine Bildungsgeschichte habe ich aber noch für Dich: Das war 2016, eines der Jahre, in denen es einen höheren Zuwachs an Menschen aus Fluchtgebieten gab, Du nennst es auch die Zeit der »Flüchtlingswelle«. Damals haben Kommunen leerstehende Gebäude, ob geeignet oder ungeeignet (aber meist ungeeignet), zur Unterbringung von Geflüchteten angemietet. Eine dieser Unterkünfte befand sich damals unmittelbar neben der Grundschule meiner Tochter.

Viele Eltern waren darüber sehr verärgert und hatten große Ängste um ihre Kinder, vor allem um ihre Töchter. Ob ich die Angst verstehen kann, Deutschland? Nein, das kann ich nicht. Ich habe mich sehr für diese Stimmen geschämt. Der Gedanke, dass notgeile Flüchtlinge vor der Grundschule warteten, um unsere Töchter abzugreifen, war mir wirklich sehr fremd. Ich war mehrfach in dieser Unterkunft und sah traurige, verzweifelte Menschen, die vor allem mit sich selbst beschäftigt und für jede Hilfe unbeschreiblich dankbar waren.

Da ich es manchmal nicht schaffte, meine Tochter pünktlich um 16.00 Uhr von der Schule abzuholen, übernahm das auch schon mal mein Sohn. Ich erinnere mich, dass meine Tochter an diesem Tag Judo hatte in der Turnhalle. Ich bat meinen Sohn, pünktlich vor der Turnhalle zu warten, was er natürlich auch tat. Er war damals fast 16 Jahre und hatte bereits einen Vollbart, ähnlich wie ich in diesem Alter. Nachdem auch um 16.15 Uhr nichts von meiner Tochter zu sehen war, beschloss er, die Klingel der Turnhalle zu betätigen. Der Judolehrer beobachtete ihn erst aus der Distanz, und nachdem mein Sohn noch weiter vor der Türe auf seine Schwester wartete, kam er irgendwann wutgeladen raus und schrie, er solle sich sofort vom Schulgelände entfernen, dann schubste er ihn und drohte, die Polizei zu rufen. Der Junge wusste nicht, wie ihm geschieht, rief mich völlig aufgelöst an und schilderte den Vorfall. Dass ich schneller auf dem Schulgelände war als Speedy Gonzales, ist klar, oder? Ich stelle den Sportlehrer zur Rede und er argumentierte folgendermaßen: »Frau Lamroubal, das war lediglich zum Schutz Ihrer Tochter. Sie wissen doch, dass wir die Flüchtlingsunterkunft nebenan haben, und Sie hören doch in den Medien, was so alles passiert. Ich dachte, Ihr Sohn wäre einer von denen. Er sieht ja auch viel älter aus. Ich dachte, er wäre ein Mann, und sah eine Gefahr in ihm, und deshalb habe ich ihn verscheucht, da gab es für mich nichts zu überlegen. Das müssen Sie doch verstehen können. Ich sehe lediglich das Aussehen, und ist doch klar, dass ich so handele.« Wahrscheinlich hat er für sein Handeln noch Lob und Applaus erwartet, aber ich nannte sein Verhalten rassistisch und diskriminierend, was ihn mehr als schockierte. Ich wollte den Vorfall auch auf keinen Fall so stehen lassen und wandte mich an die Schulleitung. Natürlich war diese nicht auf meiner Seite, sondern verlangte eher, dass ich noch die gute Absicht sehen sollte. Ich ließ erst locker, als ich eine Entschuldigung erhielt. Dass diese nicht von Herzen kam, war mir klar, aber irgendwie egal! Ich musste für meinen Sohn darauf bestehen, auch weil ich wusste, was solche Vorfälle mit ihm machten, und dieser Vorfall sollte weder unter den Tisch gekehrt, noch Teil seiner Normalität werden.

Ich bin sehr froh darüber, dass mein Sohn bereits mit vier Jahren seine große Leidenschaft für den Fußball entdeckte, auch wenn gerade im Fußball das Thema Rassismus eine wahnsinnig große Rolle spielt. Dennoch bietet sich hier eine wunderbare Möglichkeit für Kinder und Jugendliche, ihr Talent unter Beweis zu stellen und nicht auf »dumme Gedanken« zu kommen. Positive Bestätigung, Lob und Anerkennung sind für junge Menschen, egal welcher Herkunft, so unheimlich wichtig, gerade wenn sie im Alltag eher gegenteilige Erfahrungen machen müssen. Ich habe so einige grenzwertige Situationen beim Fußball erlebt, die ich Dir nicht vorenthalten möchte, liebes Deutschland: Ich versuche so oft, wie es mir möglich ist, an den Fußballspielen meines Sohnes teilzunehmen, und es ist immer wieder interessant, was sich da so ereignet. So schaute ich mir an einem Wochenende ein Heimspiel an. Während des Spiels merkte ich aus der Distanz, wie zwei Spieler aneinandergerieten. Dann schrie der eine laut: »Schiri!! Der hat Nigger zu mir gesagt!« Die Antwort seines Trainers kam prompt: »Das ist doch selber einer!« Es waren also zwei farbige Jungen, die sich beleidigten, und deshalb war der Schlichtungsversuch des Trainers natürlich genial und deeskalierte die Situation. Das sich dann alle auf den Trainer stürzten und alles noch schlimmer wurde, wunderte mich nicht.

Dann gab es noch eine interessante Situation: Said ist seit vielen Jahren begeisterter Fußballer. Er ist in Marokko geboren und hat einige Jahre seines Lebens dort verbracht. Hier in Deutschland ist seine Heimat und er spricht seeeeehr gutes Deutsch. Außerdem zahlt er seine Steuern und ist nie mit dem Gesetz in Konflikt geraten, also ein gutes

Beispiel für gelungene Integration, oder, Deutschland? Ich weiß, dass er sich dennoch sehr schwer damit tat, sich selbst als Deutschen zu bezeichnen, vor allem, weil er genau weiß, dass die Gesellschaft ihm etwas ganz anderes zurückspiegelt und er sich wahrscheinlich nur lächerlich machen würde.

Dennoch wagte er es, nach einem Spiel der deutschen Nationalmannschaft während der Weltmeisterschaft Folgendes gegenüber seinem Arbeitskollegen zu äußern: »Schade, WIR waren gestern nicht so stark!« Daraufhin blickte ihn sein Kollege etwas irritiert an und antwortete ironisch: »Wie? Ist Marokko auch bei der Fußballweltmeisterschaft dabei?« Noch mal würde er nicht von »wir« sprechen. Obwohl es gar nicht so lange her war, dass ihn eine seiner Kolleginnen während eines Seminars fragte, ob er und sein marokkanischer Kollege denn die gleichen Ausländer wären, hatte er versucht, dieses Erlebnis lediglich als unüberlegte Äußerung abzutun, und nun das? Echt jetzt, Deutschland?

Meinem Sohn half der Sport dennoch, über viele negative Erfahrungen hinwegzukommen und sie zu verarbeiten, aber wenn es im Fußball mal nicht läuft, geht die Welt für ihn unter, und das ist sicherlich auch so, weil Du zu wenige dieser Räume bietest, Deutschland. Räume, in denen Jugendliche wie mein Sohn die Möglichkeit haben, Erfolge und positive Bestätigung zu erfahren. Räume, in denen positive Bestärkung stattfindet und man nicht auf vermeintliche Defizite reduziert wird. Diese Räume hatte auch ich kaum, deshalb weiß ich, wie existenziell sie sind.

Nach knapp 16 Jahren kehrte ich zurück nach Düsseldorf, in die Nähe meiner »alten Heimat«. Neeeein, nicht Marokko, ich meine Neuss. Düsseldorf grenzt direkt daran, und ich wusste schon immer, dass ich nicht mein gesamtes Leben in Bonn verbringen würde, dafür hatte ich zu sehr Heimweh. Ja, Deutschland, HEIMWEH. Ich vermisste alles, was mir aus meiner Kindheit bekannt war, und richtig angekommen fühlte ich mich in Bonn nie, zumindest war dies mein Gefühl. Heute weiß ich, dass das Gefühl sicherlich aus anderen Gründen entstand, und ich weiß auch, dass »Heimat« sich verändern kann. Die Frage nach meiner Heimat ist nach wie vor eine, die mich vor große Konflikte stellt. Ich bin immer noch dabei zu verstehen, dass Heimat nichts Geografisches ist und dass man, wenn man Heimweh hat, nicht einfach dahin fahren kann, wo man hergekommen ist. Damit ich sage »das ist meine Heimat«, müssen viele Faktoren stimmen.

Es gab eine sehr lange Phase in meinem Leben, in der ich mich fast ausschließlich über Arbeit definierte und den Dank und die Wertschätzung nur so aufsog. Diese Zeit half mir auch zu verinnerlichen, dass ich okay bin, wie ich bin, und dass ich alleine durch meine Fähigkeiten Lob und Anerkennung erhalten kann. Gewissermaßen war dies ja sogar steuerbar. Je mehr ich leistete, desto mehr Anerkennung erhielt ich (im besten Fall). In meiner Kindheit musste ich schon einiges mehr leisten, um von Dir gesehen zu werden, Deutschland. Im Alter erkannte ich, was Du brauchst, um mich Dir sichtbar zu machen.

Bonn war also vorübergehend meine Heimat, denn beruflich war ich angekommen, aber wir Menschen sind nun mal mehr als nur unsere Arbeit, oder? Auch wenn Du es geschafft hast, dass viele sich nur noch über Arbeit definieren, Deutschland. Als Beamtin wollte ich natürlich nur ungern auf meinen Beamtenstatus verzichten und bemühte mich um eine Stelle innerhalb der Kommunalverwaltung, was dann auch relativ schnell funktionierte. Es ging natürlich auch hier wieder um Sicherheit – da bin ich unheimlich deutsch! –, denn kaum jemand verzichtet auf seinen Beamtenstatus, auch wenn man sich damit nicht immer glücklich macht. Auch das hast Du mich gelehrt, Deutschland. Ich fühle und denke wie Du, und Deine Ängste sind meine Ängste. Du hast Dich gut in mir integriert, Respekt!

Ich zog also nach Düsseldorf und war der Meinung, dass sich auch die Situation für meine Kinder stabilisieren würde, insbesondere könnte das Thema Alltagsrassismus hier keine so große Rolle mehr spielen, denn hier war ich quasi »zu Hause«. Tja, zu Hause ist wohl ein Gefühl, Deutschland. Es ist da, wo die Umgebung Dir vertraut ist, wo Du Dich wohlfühlst, wo die Menschen sind, die Du liebst und die Dich lieben. Wo Menschen sind, die Dir das Gefühl geben zugehörig zu sein. Ja, das kann tatsächlich überall auf der Welt sein, Deutschland. Mit der Herkunft der Eltern oder auch mit der eigenen Herkunft hat es nicht viel zu tun, sonst würden sich Biodeutsche ja an jedem Fleck in Deutschland zu Hause fühlen, das ist aber mit Sicherheit nicht so. Hinzu kommt auch, dass viele Biodeutsche sich entscheiden, Dich irgendwann zu verlassen und sich eine neue Heimat suchen. Du trägst also selbst eine gewisse Verantwortung dafür, ob Dich jemand »Heimat« nennt oder nicht, und das kannst Du nicht erzwingen und auch nicht einfordern. Man kann es tatsächlich schaffen, in einem Land zu leben, sich an die Gesetze zu halten und seinen Pflichten nachzukommen, ohne das Gefühl zu bekommen, dass dieses Land die eigene Heimat ist. Du hältst sicherlich Dein System am Laufen, aber daraus entsteht nicht zwangsläufig eine emotionale Verbindung zu Dir oder auch ein Verantwortungsgefühl Dir gegenüber, dazu braucht es leider ganz andere Dinge, und ich kenne sehr viele Menschen, denen es genauso geht.

Mein Vater ist nie mit dem Gesetz in Konflikt geraten und hat großen Respekt vor Deinen Gesetzen. Eigentlich ist es viel mehr als Respekt, es ist Angst! Er hat Dir sehr lange gedient, bis er nicht mehr konnte, und dennoch kann er heute nicht voller Überzeugung sagen, dass Du seine Heimat bist. Stellt man ihm die Frage, ob Deutschland seine Heimat ist, bringt ihn das immer in Verlegenheit. Er merkt, dass dies oftmals von ihm erwartet wird, immerhin hast Du ihn aufgenommen aus einem der ärmsten Länder der Welt. Als er sich mit über 70 Jahren endlich einbürgern ließ, musste klar sein, dass er sich hier zugehörig fühlt und Deutschland seine Heimat ist. Ich sehe die Einbürgerung in manchen Fällen als selbstverständlichen Anspruch und bin über den schwierigen Kampf, den viele führen müssen, um endlich deutsch sein zu dürfen, oftmals fassungslos. Die Dauer des tatsächlichen Aufenthaltes kann, muss aber keine Rolle spielen, Deutschland. Das Gefühl von Zugehörigkeit kann, muss aber keine Rolle spielen. Das Einkommen muss in den allermeisten Fällen eine Rolle spielen. Wenn also jemand beispielsweise sieben Jahre in Deutschland ist, gutes Deutsch spricht und seinen Lebensunterhalt sicherstellt, kann er Deutscher sein. Wenn jemand aber 40 Jahre hier ist und seinen Lebensunterhalt nicht sicherstellt, ist er es auf keinen Fall. Alles etwas verwirrend. Ich fühle mich nicht »deutscher«, nur weil ich arbeite, und »ausländischer«, wenn ich arbeitslos bin. Oder wie meinst Du das, Deutschland? Ich verstehe ich nix!! Du musst Du noch mal für misch erklären!! Es gibt so einige, die den roten Pass wollen, weil sie sich einfach deutsch fühlen, und es gibt viele, die den Pass haben wollen, weil es bestimmte Vorteile mit sich bringt und man sich vor Benachteiligung schützen will. Womit legitimierst Du denn diese Benachteiligung? Welche Nachteile? Ich meine, dass man beispielsweise kein Wahlrecht hat, obwohl man alle anderen Pflichten hat. Weil jemand nicht arbeitet, darf er nicht mitentscheiden? Dürfen Biodeutsche auch nicht wählen, wenn sie arbeitslos sind?

Komm Deutschland, gib es zu: Nicht all Deine Erteilungsvoraussetzungen machen wirklich Sinn, und sie spalten teilweise die Gesellschaft noch mehr. Menschen kriegen bereits genug Druck, wenn sie nicht ausreichend viel leisten, das Arbeitsamt überschüttet sie so lange mit Angeboten, bis sie irgendwann aus Erschöpfung irgendetwas machen, auch wenn es Beschäftigungen unter ihrer Qualifikationen sind. Viele Menschen könnten ohne Weiteres in qualifizierten Arbeitsbereichen tätig sein, wenn da nicht Dein enormer Druck und Dein kompliziertes Anerkennungsverfahren für im Ausland erworbene Abschlüsse wäre. Viele Menschen würden mehr verdienen, könnten ihren Lebensunterhalt sicherstellen und hätten bessere Chancen, Deine Erteilungsvoraussetzungen zu erfüllen. Sie müssten keine ergänzenden Sozialleistungen in Anspruch nehmen und wären so viel deutscher, als Du ihnen zumutest.

Bei der Berufswahl geht es also selten um Zufriedenheit, sondern um den Wunsch nach Unabhängigkeit von Sozialleistungen, nach Autonomie. Du hast nun mal eine Leistungsgesellschaft errichtet, und je öfter man den Ausdruck »Leistungsgesellschaft« hört, desto selbstverständlicher ist es, Maximales zu leisten, denn jeder will Teil Deiner Normalität sein, will dazugehören und sich mit dem, was Du vorgibst, identifizieren. Deshalb sind manche Deiner Unterstützungsangebote zur Arbeitsintegration für viele so wertvoll, und viele sind Dir dafür mehr als dankbar, dennoch ist man nur eine Fallzahl, die am Ende in einer Deiner Statistiken auftaucht.

Ich habe über viele Jahre mit der Bundesagentur für Arbeit zusammengearbeitet, da wir uns bei der Arbeitsmarktintegration oft um die gleichen Zielgruppen kümmerten. Ich stellte schnell fest, dass die Zusammenarbeit wichtig ist, aber auch Unterschiede zutage fördert. Im Mittelpunkt meiner Arbeit steht immer der Mensch mit seiner Geschichte, die zu berücksichtigen ist. Es ist wichtig, dass man Menschen nicht nur auf ihre Qualifikation, auf Arbeitsbereitschaft und Leistungsfähigkeit reduziert. So erkennt man nicht immer Potenziale. Für mich ist es deshalb genauso normal, dass Menschen, die gerade aus einem Kriegsgebiet geflohen sind und sich noch große Sorgen um ihre Familie im »Heimatland« machen, nicht direkt in eine Arbeit zu integrieren sind. Auch kann man ihnen nicht sofort Integrationskurse und Sprachkurse aufs Auge drücken. Ist doch klar, dass man bei emotionaler Überlastung nur »Bahnhof« versteht. So geht es mir noch heute in

Krisenzeiten, obwohl mein Deutsch nicht ganz so schlecht ist. Es sind Menschen, wirklich Deutschland: ganz normale Menschen. Manchmal habe ich Mitleid mit den Mitarbeiter_innen der Arbeitsagenturen, da ich weiß, wie sehr auch sie unter Druck stehen. Dieser Druck in Bezug auf die schnelle und erfolgreiche Vermittlung in Arbeit kann niemals nachhaltig sein. Es sind genau diese Situationen, die viele Menschen zur Verzweiflung bringen und sie dauerhaft in einen »Fluchtzustand« versetzen. Sie haben große Angst, arbeitslos zu werden, weil sie dann diesem enormen Druck ausgesetzt werden, und deshalb verzichten manche Menschen auch auf Sozialleistungen. Damit leben sie nicht nur unter dem Existenzminimum, sondern zählen zu der Personengruppe, die ihren Lebensunterhalt nicht sicherstellen kann und gewisse Erteilungsvoraussetzungen nicht erfüllen kann, da haben wir es also wieder. Auch wenn es mir für diese Menschen leidtut, kann ich es ein Stück weit verstehen, Deutschland. Viele sind der Annahme, dass lediglich die Antragsstellung eine große Challenge ist und sobald der Leistungsbezug läuft, alles etwas entspannter wird. Das ist allerdings ein großer Trugschluss. Ist man erst mal im laufenden Bezug, wird man erst richtig gefordert, da es Dein Ziel ist, dass Menschen so kurz wie möglich im Leistungsbezug bleiben. Mein Vater hätte mit seiner mickrigen Rente seit vielen Jahren Anspruch auf ergänzende Sozialhilfe, aber er verzichtet lieber, aus Angst, und das schon seit vielen Jahren. Für Dich ist es sicherlich vorteilhaft, Deutschland, denn Du sparst hier ein paar Taler.

Darf ich denn nicht auch mal schwach sein, ohne dass Du es mir die ganze Zeit vorhältst? Ohne dass Du mich abwertest und manchmal sogar schikanierst? Für mich ist es in diesen Situationen schon schwer genug. Also, darf ich, dann bist Du meine Heimat, denn all das hat mit Heimat zu tun, all das wirkt sich darauf aus, ob ich mich zu Hause fühle oder nicht. Vielleicht sind meine Wünsche aber auch utopisch.

Was mich auch zurück nach Düsseldorf zog, war der Wunsch, mit Teilen meiner Vergangenheit in Bonn abzuschließen. Bonn zeigte mir mehr als deutlich, wie sehr ich noch von den Wunden meiner Kindheit geprägt bin. Bonn zeigte mir, was ich konnte, aber auch, was ich noch nicht konnte. Oft sehe ich allerdings das, was ich nicht kann, viel deutlicher. Ich lernte sehr viel über mich und meine Verhaltensmuster, und ich lernte meinen Schmerz zu verstehen und wie dieser ausgelöst wird. Welche meine Trigger-Faktoren waren und wie ich diese vermeiden konnte. Gewalt spielte in meinem Leben leider immer eine große Rolle, aber ich habe nie verstanden, wieso ich mich auch im Erwachsenenalter nicht ausreichend schützen und distanzieren konnte und wieso sich viele Erlebnisse wiederholten. Viele Zusammenhänge sind komplex, aber ich habe sie verstanden und freue mich heute, zu den »Überlebenden« zu zählen, die sich dennoch für andere Menschen einsetzen. Weißt Du, Deutschland, oft sind Menschen verwundert darüber, dass auch Frauen »wie ich« Opfer von häuslicher Gewalt werden können. Ich empfinde das keinesfalls als Aufwertung, sondern das macht mich eher fassungslos und wertet mich ab. Die meisten Frauen, die ich kenne, die sich in ähnlicher Situation wie ich befanden, sind selbstständige und gebildete Frauen, die sehr gutes Deutsch sprechen, und einige sind auch »richtige Deutsche«. In den Situationen, in denen ich von meinen Erfahrungen berichten musste, wurde ich sehr oft nach der Herkunft des Täters gefragt. Ich weiß nicht, wieso das wichtig ist, aber es scheint Dich sehr zu interessieren. Mich machten diese Fragen oft traurig, weil das Gerücht herrscht, dass Gewalt innerhalb der migrantischen Community sehr verbreitet und gewissermaßen normal sei. Mein Ehemann und bester Freund ist der beste Beweis dafür, dass die Herkunft oder die der Eltern rein gar nichts über das Verhältnis zur Gewalt aussagt. Wenn wir uns noch etwas besser kennen, Deutschland, erzähle ich Dir mehr, damit Du auch wirklich verstehst, wo ich herkomme, denn darum geht es Dir doch, oder?

Es ist gar nicht so lange her, dass Du mich im Rahmen Deiner Landeskampagnen zu Deinen wichtigsten Vorbildern kürtest. Da ging es Dir darum zu zeigen, dass auch Menschen »wie ich« wichtige Säulen innerhalb einer Verwaltung sein können und dass man trotz Migrationshintergrund vieles schaffen kann. Ich habe mich gefreut, bei der Kampagne #IchDuWirNRW dabei gewesen zu sein, denn hier existiert eine der wenigen Möglichkeiten, Migration auch mal aus einer positiven Perspektive zu betrachten und dabei viele der Vorurteile und Stereotype abzubauen, mit denen »wir« ständig konfrontiert sind. Wüsstest Du nur mehr von mir. Vielleicht würdest Du dann verstehen, was ich wirklich geleistet habe und wieso meine Arbeit wirklich anerkennenswert ist. Das habe ich wohl mit meiner Mutter gemeinsam…

Zurück zu meiner Rückkehr nach D-Town. Ich erinnere mich leider zu gut an den 31. Oktober 2020. Es war etwa 17 Uhr, und ich war mit einer Freundin im Auto unterwegs, als mein Sohn anrief. Da mein Sohn mich gefühlte 100.000-mal für jeden Kleinkram anrief (eigentlich hat sich das bis heute nicht verändert), war das erst mal nichts Außergewöhnliches. Ich ging also ans Telefon und hörte nur wie er schrie: »Mama, er hat mich geschlagen!! Er hat mir einfach ins Gesicht geschlagen!! Wo bist Du? Die wollen keinen Streifenwagen schicken!!! Ich habe ihm nichts getan!! Er hat mich einfach ins Gesicht geschlagen!!!« Er war außer sich und reagierte überhaupt nicht auf meine Fragen. Er weinte schrecklich und war voller Wut, Verzweiflung und Trauer. Irgendwann schaffte ich es, mich durchzusetzen und forderte ihn in lautem Ton auf, mir sofort zuzuhören und sich sofort zu beruhigen, das funktionierte, und ich verstand dann, was ihm Schreckliches widerfahren ist. Kannst Du Dir vorstellen, Deutschland, wie schlimm es für eine Mutter ist, das mitzuerleben? Es war wirklich erschütternd, denn ich verstehe meine Aufgabe als Mutter vor allem darin, meine Kinder zu schützen, und in dieser Situation war es mir nicht möglich. Schon allein das vernichtete mich innerlich. Wäre es lieber mir widerfahren als meinem Sohn! Darüber müssen wir unbedingt reden, Deutschland, denn da ist so einiges schiefgelaufen, und mein Sohn, aber auch ich, haben einen hohen Preis zahlen müssen. Heute, fast anderthalb Jahre später, sind die Spuren aus diesem Übergriff immer noch sehr präsent. Ob es jemals wieder gut wird, Deutschland? Ich weiß es nicht, da musst Du meinen Sohn fragen, aber wahrscheinlich wird er Dir nicht antworten, weil er sich dafür entschieden hat, es in eine seiner Verdrängungs-Schubladen zu stecken.

Ich hatte das große Glück, an der letzten Mitte-Studie, einer Erhebung über rechtsextreme Tendenzen in der deutschen Gesellschaft, mitzuwirken und mir war klar, dass ich nicht über irgendwelche Theorien sprechen, sondern diese Gelegenheit nutzen werde, um auf das schlimme Ereignis, welches meinem Sohn am 31. Oktober 2020 in Düsseldorf widerfahren ist, hinzuweisen. Ich habe viel mit ihm darüber gesprochen. Mir war seine Perspektive unbeschreiblich wichtig und ich wollte sicher sein, dass ihm die Veröffentlichung des Vorfalls hilft, und es das Ganze nicht noch schlimmer machen würde. Er war dazu bereit, und das war gut so: »Ich habe mehrfach versucht, in die Bahn zu flüchten. Ich war froh, dass ich mich von ihm lösen konnte. Er hat gedroht, mich zu töten, mich geschlagen und mich gewürgt, immer und immer wieder. Ich habe gerufen, geschrien, aber ich wurde nicht gehört. Obwohl der Bahnsteig voller Menschen war und die Bahn ebenfalls, wurde ich weder gehört noch gesehen.

Ich fühlte mich allein, völlig ausgeliefert, es machte alles noch schlimmer. Niemand half mir! Man schaute einfach weg, als wäre das normal und erlaubt, was mir passiert. Als hätte ich das irgendwie verdient. Für mich war es ein Albtraum. Das war der Moment, an dem ich an meiner Wahrnehmung zweifelte, und es trat ein Zustand der Schockstarre ein.

Ich wurde gefragt, ob man mir unabsichtlich nicht helfen wollte, vielleicht hätte man meine Not nicht erkannt. Für mich wäre das viel leichter zu ertragen, denn dann wäre es ein Einzeltäter, eine Ausnahme, jemand der aus der Reihe tanzte, jemand, der Unrecht tat. Doch als ich mit viel Mühe in die Bahn gelangte, war klar, dass man den Vorfall beobachtete, und mir wurde beantwortet, wieso niemand eingeschritten ist, das alles wurde mir mit nur einer Frage klar: ›Was hast du getan?‹ Ansonsten lediglich Blicke, Stille, Ignoranz, und diese Stille war es, die meine Schreie übertönte.

Ich wurde auch gefragt, ob ich ihn vielleicht komisch angeschaut habe oder so.

Ich habe mich das dann auch gefragt, immer und immer wieder. Aber so richtig verstehe ich nicht, wie die Frage gemeint ist. Komisch? Wie denn komisch? Also absichtlich komisch? Ich denke nicht, also nicht, dass ich wüsste.

Ich weiß aber, dass ich vielleicht komisch wirke, wegen meines Barts und den Augenbrauen und der Hautfarbe. Da ich Angst hatte, habe ich meinen Blick direkt gesenkt, für den Fall, dass ich auf ihn komisch wirke und er noch heftiger reagiert. Aber vielleicht war der erste Blick ja komisch oder mein Gang. Ich bin halt auch Marokkaner, also mein Vater ist es, aber ich sehe so aus.

Durch genau diese Art von Fragen fing ich an zu denken, dass es natürlich auch ein Missverständnis gewesen sein könnte. Vielleicht hatte er Angst vor mir, vielleicht hatte er einfach nur einen schlechten Tag?

Mir war nicht klar, dass ich angsteinflößend wirke. Dass ich anders aussehe und das auch immer wieder zu spüren kriege, weiß ich. Auch in der Schule gehörte es zu meinem Alltag. Die Äußerungen wirkten auf mich aber nie so gewaltvoll. Sie erinnern mich aber immer wieder daran, dass ich anders bin. Es gab zum Beispiel mal eine Situation in der Schule, in der ich wegen meines Fehlverhaltens sanktioniert werden sollte. Ich hatte mein Handy angelassen, und der Lehrer zog es dann ein. Meine Mutter sollte das Handy abholen. Da sie auf Dienstreise war, versuchte meine Mutter eine andere Lösung zu finden, und da schlug mein Lehrer vor, dass ich ja als Wiedergutmachung eine ›Köstlichkeit aus meiner Heimat‹ mitbringen könne. Meine Mutter fand es nicht so schlimm, aber ich war mit dieser Lösung etwas überfordert, und schon wurde klar, dass Deutschland wohl nicht meine Heimat ist. (Eine andere habe ich aber nicht.)

Meinen Freunden geht es ähnlich, für uns sind diese Äußerungen normal, wir versuchen damit zu leben. Genau deshalb bleibe ich lieber mit meinen Jungs, da kann ich sein, wer ich bin, ohne Angst haben zu müssen. Uns verbindet halt, dass wir als *anders* wahrgenommen werden.

Mir wurde die Frage gestellt, ob der Übergriff am 31. Oktober 2020 denn wirklich so schlimm war, weil ich ja keine gravierenden Verletzungen hatte, somit sei es doch eigentlich noch mal gut gegangen. Es sind genau diese Aussagen, die mich innerlich aufwühlen. Es fühlt sich für mich nicht an, als wäre es noch mal gut gegangen, und ich wünschte, ich könnte meinen Schmerz sichtbar machen!! Ich habe meine Mutter gefragt, ob es eine Nahtoderfahrung war. Ich hatte Todesängste. Ich habe in seine Augen gesehen und nichts gesehen, nur Leere.

Ich fahre halt einfach nicht mehr mit der Bahn in Zukunft. Ich warte, bis ich meinen Führerschein habe. Ich denke, das ist das Beste für alle.«

Ich weiß nicht, ob ich das weiter kommentieren sollte, aber ich will Dich wissen lassen, dass dieses Ereignis aus meinem Sohn einen anderen Menschen gemacht hat und dass ich mich jeden Tag daran zurückerinnere. Vor allem dann, wenn Du so tust, also hätten wir kein Problem mit Alltagsrassismus und wenn Du sagst, dass Rassismus ein Ding aus der Vergangenheit und die Ausnahme sei. Mein Sohn ist einer von vielen, das weiß ich! Unzählige Erfahrungen sind mir bekannt. Wenige wehren sich, denn sie glauben nicht daran, dass es tatsächlich besser werden kann und auch nicht, dass man ihnen glaubt. So lernen sie, mit Alltagsrassismus zu leben, es gehört einfach irgendwie dazu. Damit muss man halt irgendwie klarkommen, wenn man hier lebt. So geht es ganz vielen anderen Menschen. Als Opfer von Alltagsrassismus findet man kaum Gehör. Man muss viel Kraft aufbringen, um zu beweisen, dass sich die Fälle wirklich ereignet haben. Nach solchen traumatisierenden Erfahrungen haben die meisten aber nicht mehr die Kraft. Sie wollen die Erlebnisse am liebsten ungeschehen machen, sie nicht noch in ihrer Präsenz aufrechterhalten und ihnen so Raum geben. Zu schmerzhaft sind sie, zu überwältigend einfach, aber das verstehst Du sicher nicht, denn Du glaubst nicht einmal daran, dass diese Erlebnisse tatsächlich existieren.

Sonst bist Du mit Deinen unzähligen Gesetzen immer sehr präsent, aber wenn es um den Opferschutz geht, machst Du es den Menschen sehr schwer. Manchmal frage ich mich, ob Du den Täterschutz nicht sogar über den Opferschutz stellst. Oder tust Du es nur bei Menschen, die so aussehen wie mein Sohn? Sollten wir nicht doch mehr über institutionellen Rassismus sprechen? Im Rahmen der Anhörung bei der Polizei wurden meinem Sohn Fragen gestellt, bei denen mir so einige Zweifel darüber kamen, ob er nun Opfer und somit Zeuge oder nicht doch Tatverdächtiger ist, Deutschland. Es war auch die ganze Zeit eine gewisse Skepsis im Raum, und die Beamten wollten wissen, ob es nicht doch irgendetwas in seinem Verhalten gegeben hat, dass die Gewalt ausgelöst haben könnte. Menschen, die so aussehen wie er, stehen doch sonst auf der anderen Seite, oder Deutschland? Ich sehe hier auch klare Parallelen zu dem schrecklichen Anschlag vom 19. Februar 2020 in Hanau und dem Umgang mit den Hinterbliebenen. Sie berichten, dass auch sie behandelt wurden wie Täter und ihrer Rechte beraubt wurden. Schwerwiegende Nachteile mussten sie erleiden, und noch heute kämpfen sie um Aufklärung und Gerechtigkeit seitens der Sicherheitsbehörden. Sie kommen nicht zur Ruhe, können nicht abschließen, nicht in Ruhe trauern und versuchen, die schrecklichen Taten zu verarbeiten.

Alltagsrassismus bleibt also leider auch im Jahre 2022 noch unsere Realität, und auch ich mache regelmäßig schmerzliche Erfahrungen. So auch während ich noch dieses Buch schreibe und Dir eigentlich von vergangenen Dingen erzählen wollte, aber gerne nehme ich Dich mit:

Aufgrund der aktuellen Corona-Situation werden viele von uns Mitarbeiter_innen in die Corona-Hotline versetzt, weil hier derzeit ein sehr großer Personalbedarf herrscht. Also verrichtete ich dort meinen Dienst und machte mich danach auf den Heimweg. Dieser führt durch die bekannte Einkaufsstraße der Königsallee in Düsseldorf. Nichts Böses ahnend, wollte ich gerne die Ampel überqueren und spürte dann, wie ich von der Seite gerammt und mir mit dem Ellbogen ein Schlag versetzt wurde. Total erschrocken blickte ich zur Seite und entdeckte einen älteren Mann, der mir sofort zurief »Scheißpack!! Asozial sind Sie!!!« Ich wies ihn darauf hin, dass er mich in Ruhe lassen solle und er mich verletzt habe. Wieder lief er auf mich zu und versuchte, mich erneut körperlich anzugehen. Ich nahm das zum Anlass, sofort die Polizei zu verständigen und erstattete Strafanzeige. Im ersten Moment hatte ich wirklich das Gefühl, von der Polizei gehört zu werden, denn diese erkannte rassistische Motive und schaltete den Staatsschutz ein, der mich sofort zur Anhörung kontaktierte. Inzwischen sind einige Monate vergangen und ich habe keinerlei Informationen zu dem Verfahren erhalten, was ich zum Anlass nahm, noch mal nachzuhaken. Das Verfahren läuft, und ich bin sehr gespannt, wie dieses für mich ausgehen wird. Der Ausgang macht mir Angst, weil ich nicht damit leben möchte, erneute Ungerechtigkeit zu erfahren. Auch das Verfahren meines Sohnes wurde leider eingestellt mangels Beweisen, von denen es aus meiner Sicht allerdings einige gibt. Solch ein Ausgang von Verfahren macht einen noch viel hilfloser und bestärkt einen in dem Gefühl, einfach nicht gehört zu werden.

Es zeigt sich in allen Etappen eines solchen Strafverfahrens, denn »wir« fühlen uns nicht ernstgenommen und erleben wenig Mitgefühl im Rahmen der Anhörungen. Deinen Umgang und Deine Anhörungsstrategien finde ich mehr als nur geschmacklos, denn gerade nach Gewalterfahrungen macht man sich ohnehin Vorwürfe und sucht die Schuld bei sich. Wir kennen das auch bei sexualisierter Gewalt, wenn Frauen vorgeworfen wird, dass sie einfach zu aufreizend gekleidet waren und ihnen somit unterschwellig eine Mitschuld gegeben wird. Mein Sohn wurde beispielsweise gefragt, ob er den Täter denn vielleicht komisch angeschaut hätte. Natürlich hat ihn diese Frage die ganze Zeit beschäftigt und tut es wahrscheinlich noch. Mit Sicherheit kann ich das aber nicht sagen, denn er hat sich dafür entschieden, nicht mehr darüber zu sprechen und einfach weiter zu funktionieren. Genauso, wie Du es von ihm erwartest. Habe ich ihn nicht gut erzogen, Deutschland?

Er hat sogar Ideen entwickelt, wie er Deinen Alltagsrassismus für kurze Zeit ausblendet. Soll ich es Dir erzählen? Also, er ist nun in einem Alter, wo es ein großes Ziel ist, selbstständig zu sein und somit eine eigene Wohnung zu finden. Hier bemerkte er ziemlich schnell, dass es wirklich nicht einfach ist, mit seinem arabischen Familiennamen einen Besichtigungstermin zu erhalten. Er versuchte dies zuerst durch schöne ausführliche Anfragen zu überspielen, viel genutzt hat es ihm nicht. Er kam dann auf die raffinierte Idee, sich am Telefon als »Müller« oder »Schmidt« auszugeben, und siehe da, es funktionierte, also zumindest mit den Einladungen zu Besichtigungsterminen. Was er vergaß, war natürlich, dass er bei dem persönlichen Besichtigungstermin auch PERSÖNLICH erscheinen muss. Spätestens da war klar, dass ihm sein äußerliches Erscheinungsbild einen Strich durch die Rechnung machen würde. Aber kein Problem, Deutschland: Ich werde Dich trotzdem weiter Heimat nennen, und meinen Kindern bringe ich nichts anderes bei, denn ich weiß, dass Du nicht für jeden Verantwortung übernehmen kannst, dass ich aufgrund dieser schrecklichen Ereignisse nicht pauschalisieren darf, dass ich Dich nicht auf Deine negativen Seiten reduzieren darf und dass ich versuche, Dich losgelöst von Deinen »Querulanten« zu sehen. Sie sind die Ausnahme und Du bist die Regel, richtig? Schaffst Du das denn auch, Deutschland? Schaffst Du diese Differenzierung? Im Rahmen der Silvesternacht 2015 ist es Dir nicht gelungen, deshalb frage ich lieber noch mal zur Sicherheit.

Oft werde ich auch gefragt, worin ich im Leben Trost finde, was mich aufbaut und motiviert, und da gibt es Menschen, die behaupten, dass es doch hilfreich sei, sich vor Augen zu führen, dass es unzähligen Menschen schlechter geht, dass viele Menschen nicht die Möglichkeiten haben, die wir durch Dich haben, Deutschland. Irgendwie funktioniert das bei mir nicht so richtig, denn wenn ich mir das noch größere Leid der anderen Menschen vergegenwärtige, fühlt es sich für mich noch schlimmer an. Beispielsweise könnte man meinen, ich sei in einer privilegierten Rolle, weil ich über sprachliche Kompetenzen verfüge, die mich im Alltag autonomer agieren lassen. Ja, das stimmt, Deutschland! Also denke ich häufig an die Menschen, die gewissen Hürden und Hindernissen struktureller Natur ausgesetzt sind, ohne die Sprache zu sprechen, und bei diesem Gedanken geht es mir auf keinen Fall besser, sondern er zieht mich runter, weil ich mich mitverantwortlich fühle. Sind wir denn nicht eine Menschheitsfamilie? Wahrscheinlich ist genau das der Grund, wieso einige bei mir im Job meinen, ich hätte zu hohe menschliche Ansprüche und dass diese Ansprüche utopisch seien. Nein, Du kannst beruhigt sein, es geht jetzt nicht weiter mit »I HAVE A DREAM!!!!!!!!!«

Ich kenne Menschen mit einer ähnlichen Geschichte, wie ich sie habe, und die den Kopf darüber schütteln, dass ich mich so leidenschaftlich in die Migrationsarbeit stürze. Nein, nein, nicht nur mein Vater. Ja, so leidenschaftlich, dass es mich gesundheitlich krank machte und ich in Phasen tiefer Erschöpfung fiel. Das mit der Erschöpfung muss wirklich nicht sein, aber der Wunsch, Dich, Deutschland, etwas besser zu machen, ist etwas, das ich tief in mir trage und das ich noch nicht loslassen möchte. Ich kann mich ja nicht als »reflektiert« und »selbstkritisch« bezeichnen, dann noch als Teil von Dir und mich schließlich vor der Verantwortung drücken. Das passt für mich nicht zusammen! Natürlich gibt es Zeiten, da verfluche ich Dich, und ich frage mich, wieso mein Vater ausgerechnet Dich ausgewählt hat. Dein Wetter macht mich manchmal depressiv, und Teile Deiner Gesellschaft sind genauso wechselhaft wie Dein Wetter und auch so trüb. In diesen Phasen kann ich mich so gar nicht mit Dir identifizieren und will es auch nicht, da bist Du mir einfach fremd, und ich entdecke, wie marokkanisch ich doch wirklich bin (bis mein Vater mich wieder auf den Boden der Tatsachen bringt). In solchen Phasen hat es mir früher geholfen, in kurze Reisen nach Marokko zu flüchten, und dann lernte ich Dich blitzschnell wieder lieben. Kaum dort angekommen, war ich überfordert von dem System Marokkos, und ich eckte mit meiner deutschen Art sehr an. Ich fing an, mich über die Hektik, das Gedränge, das Gehupe und vor allem darüber zu ärgern, dass sich niemand an Regeln hält. Ein Zebrastreifen ist in Marokko nur Dekoration, hier in Deutschland ist er GESETZ, und wehe du bleibst als Autofahrer_in nicht stehen, dann fängst du dir einen Blick der Fußgänger ein, der dich automatisch zum Stoppen bringt. Ich habe natürlich versucht, das mit dem Blick auch in Marokko umzusetzen, aber da bleibt keine Zeit für komische Blicke: zur Seite, sonst bist du platt! Völlig genervt von den wenigen Regeln beziehungsweise meinem Anspruch nach mehr Regeln, bin ich dann immer wieder zu Dir zurückgeflogen, wenn nötig, wäre ich auch gelaufen, vielleicht sogar übers Meer geschwommen, denn ich habe mich so auf Dich gefreut und mir immer wieder gesagt: »Nie wieder nach Marokko!« Natürlich hat das nicht lange angehalten, und eigentlich mache ich das Spiel seit vielen Jahren mit, und mal bist Du mein Zuhause und mal flüchte ich vor Dir. Was wäre mit mir, wenn ich Marokko nicht als Fluchtort hätte? Puh, mit meinem Temperament wäre ich auf jeden Fall eine tickende Zeitbombe. Oh, das war jetzt nicht so gut, mich als Muslima in Zusammenhang mit einer Bombe zu nennen, oder? Na ja, wenn Du das tust, dann darf ich das eigentlich erst recht!

Weißt Du, Deutschland, auch ich hatte meine Bescheidenheit etwas verloren, und vieles war irgendwie normal und selbstverständlich für mich. Uneingeschränkte Freiheit war Teil meiner Normalität, dass es nur meine Normalität war, vergaß ich. In Restaurants gehen, reisen, feiern, auf Konzerte gehen... Das alles gehörte zu meinem normalen Leben, und ich habe mir nie Gedanken darüber gemacht, wie wertvoll all das ist und wie es mir ergehen würde, wenn ich all diese Möglichkeiten von jetzt auf gleich nicht mehr hätte. Diese Gedanken schienen mir absurd und fernab jeglicher Realität. Ich wurde eines Besseren belehrt, denn mit Corona hatte hier niemand gerechnet. Ich kann mich noch an meine klugen Sprüche erinnern, als es um die Schließungen im Einzelhandel etc. ging, denn ich war der festen Überzeugung, dass Du niemals Deine Wirtschaft runterfahren würdest, weil Du hauptsächlich dafür stehst: Wirtschaftlichkeit. Ich war überzeugt davon, und genau deshalb traf es mich hart, und ich habe lange gebraucht, um zu verstehen, dass ich mich nicht in einem Albtraum befinde. All das, was ich mit einer Selbstverständlichkeit tat und mir Sicherheit gab, war plötzlich weg. Menschen waren auf Distanz. Man durfte seine Liebsten aus Liebe nicht mehr besuchen, und einige durften sich nicht mehr von ihren Verwandten verabschieden, weil Du das so entschieden hast. Es war schwer, plötzlich mit sich allein zu sein, denn all das, was mir Ausgleich gab, konnte ich nicht mehr nutzen. Heute frage ich mich, ob mir die Dinge wirklich alle einen Ausgleich gaben oder ob sie mir nicht eher dabei halfen, vor mir selbst zu flüchten. Ganz sicher gab es aber eine wichtige andere Sache, die ich auch nicht mehr nutzen konnte, wie viele andere Menschen: Toilettenpapier. Was war das für ein Kampf um Nudeln, eine Schlacht um Toilettenpapier! Unglaublich! Wenn man dann mal eine Rolle erhaschte, musste man Angst haben, nicht vom bösen Auge getroffen zu werden. Während andere Menschen versuchten, die Krise wegzufeiern, warst Du mit Deinem Dünnpfiff beschäftigt und der Frage, wie Du bloß Deinen Hintern die nächsten Wochen sauber halten kannst. Hallo?? Das ist in so einer schweren Krise existenziell! Wenn mich also schon ein gefährlicher Virus trifft, dann hätte ich zumindest gerne einen sauberen Arsch. Mich stellte die Toilettenpapierschlacht von Germania ebenfalls vor eine Herausforderung, aber ich hatte Möglichkeiten, um besser mit dem Problem umzugehen. Ich konnte also beispielsweise auf die erlernten Überlebensstrategien aus meiner Vergangenheit zurückgreifen. Eine davon war die, die ich im Dorf meiner Mutter erlernt hatte: Steine oder auch notfalls Blätter zu benutzen. Um aber starkem Juckreiz und Hämorrhoiden vorzubeugen, musste ich mir dann doch etwas anderes einfallen lassen. Ich überlegte mir einfach, das kostbare Klopapier dort zu suchen, wo Du, Deutschland, nicht suchtest, und wo würde das wohl sein? In Erkans türkischem Supermarket in der Altstadt, und natürlich war ich hier erfolgreich und gestehe: Ich habe es für mich behalten.

Die Corona-Krise zeigte mir nach und nach, in welchem Tempo ich in den letzten Jahre unterwegs war, aber vor allem fühlte ich mich Dir machtlos ausgeliefert. Für eine Kontrolletti wie mich gar nicht so einfach. Natürlich hatte ich Verständnis, aber ich fühlte mich auch manchmal bevormundet und meiner Lebensfreude beraubt. Ich war der Auffassung, dass ich einen Anspruch auf Freiheit hätte und dass es mein verdammtes Recht sei und niemand es mir nehmen kann und darf, wahrscheinlich auch, weil ich mir dieses Recht schwer erkämpft hatte. Und was mich sehr betroffen machte war, dass es wieder die Schwachen waren, die Deine Corona-Maßnahmen am härtesten trafen. Menschen, die schon vorher, unter normalen Umständen, unter Benachteiligung und Ausgrenzung litten. Sie wurden kaum noch gehört. Die gesamte Stadtverwaltung wurde ebenfalls runtergefahren, und wichtige Informationen machtest Du über die jeweiligen Homepages bekannt, weil der Publikumsverkehr großenteils eingestellt beziehungsweise ganz eingeschränkt wurde. Nein, die Informationen wurden nicht in mehreren Sprachen bekannt gegeben! Hast Du das etwa vergessen: AMTSSPRACHE IST DEUTSCH!! Und »die anderen«? »Welche anderen denn?«

Deine Vorgehensweise führte natürlich zur wechselseitigen Überforderung, ja, wechselseitig. Ist das nicht schön? I love it!! Und die Zeit, die Du da gespart hast, darfst Du jetzt in enormen Rückständen aufarbeiten. Das war wirklich seeeeehr klug. Du begeisterst mich immer wieder, liebes Deutschland, gerade in Bezug auf Deine Nachhaltigkeit. Und dann waren da noch die Kinder aus migrantischen Familien, die aufgrund von sprachlichen Schwierigkeiten von wichtigen Informationen aus Teilen des Schulsystems ausgeschlossen wurden, oder Kinder aus sozial schwachen Familien, denen Homeoffice größte Probleme machte, weil es für sie nicht möglich war, die technischen Voraussetzungen zu finden und Hilfestellungen durch die Eltern. All das war leider kaum möglich. Wo es für die einen Kinder völlig normal ist, im Besitz eines iPads oder Laptops zu sein, ist es für viele andere nach wie vor ein großer Luxus, den sie sich einfach nicht leisten können. Ob es dort noch Rückstände gibt? Neeeein, die haben sich doch in Luft aufgelöst. Lass uns einfach wieder darüber schweigen, das scheint mir eine geeignete Methode, liebes Deutschland.

Die Krise machte uns die gesellschaftlichen Unterschiede noch mal deutlicher, machte aber auch Deine Schwächen sichtbar und die Fragilität Deiner sozialen Strukturen. Ich habe sehr oft an die Frauen gedacht, die ihren gewalttätigen Ehemännern machtlos ausgeliefert waren, und an die Kinder, die keine Möglichkeiten hatten, Schutz zu suchen. Um ehrlich zu sein, schweigst Du mir heute noch zu sehr darüber. Was hat die Krise mit den Menschen gemacht, die schon vorher an psychischen Vorerkrankungen litten, und denjenigen, deren Operationen verschoben wurden oder ganz ausgefallen sind, weil Du Kapazitäten schaffen musstest? Es ist nicht so, als würde ich Dein Handeln so gar nicht nachvollziehen können, ich bin ganz sicher keine Verschwörungstheoretikerin, ich bin einfach nur verwundert, dass Du nicht darüber reden möchtest. Manchmal hilft schon das allein, denn dann hat man einen Funken Gewissheit darüber, von Dir gesehen zu werden. Es machte mir zu schaffen, dass sich die Gesellschaft spaltete und dass das erste Kriterium, nach dem selektiert wurde, der Impfstatus war. Wo früher noch gesundheitliche Daten etwas sehr Privates waren, war es normal und sogar zwingend erforderlich, diese Informationen preiszugeben. Ich hatte es anders von Dir gelernt und war manchmal darüber enttäuscht. Es überforderte mich einfach. Diese Phase war dann aber irgendwann vorbei, und in mir entwickelten sich wieder Bescheidenheit, Dankbarkeit und der Optimismus, der mich schon immer in schwierigen Phasen durchs Leben trug.

Meine Perspektive veränderte sich, und ich beobachtete, wie Du die Regeln und Normen, die früher galten, einfach über den Haufen geworfen hast, und das in einem Affentempo. Du lehrtest mich eigentlich, dass Veränderungsprozesse sehr langwierig sind, und somit bin ich dieses Tempo wirklich nicht von Dir gewöhnt. Vielleicht hattest Du mich zu bescheiden gemacht oder ich unterschätze Dich einfach, denn Du zeigtest Dich mir nun von Deiner kreativsten Seite. Was doch so alles in Dir steckt, Deutschland. Wo Du noch vor wenigen Jahren in der Debatte um die Einführung einer Leitkultur darauf bestanden hattest, dass es zur deutschen Leitkultur zählt, sich die Hand zu geben, spielte das natürlich jetzt keine Rolle mehr. Es war halt einfach eine andere Situation. Wenn wir schon gerade dabei sind, Deutschland:

Wie steht es denn nun mit Deiner Leitkultur? Konntest Du diese inzwischen klar definieren? Kannst Du mir mal bei Gelegenheit berichten, wenn Du magst. Aber wir waren ja bei Corona und dass Du deshalb bereit warst, Dich zu ändern. Klar, wegen der Ansteckung und so, ich weiß doch. Es gab einen legitimen Grund dafür, sich nicht mehr die Hand zu geben, Abstand zu halten, Masken zu tragen und sich wie Wildgewordene um Toilettenpapier und Nudeln zu prügeln. So ein bisschen erinnert mich das an die ganzen Islam-Debatten, die ich führte, und daran, wie fremd gewisse Verhaltensregeln Dir waren. Nicht, dass ich mit diesem Buch die Absicht hätte, Dich zu islamisieren, aber ich habe festgestellt, dass viel mehr Veränderung möglich ist, wenn Dir die Gründe für Veränderung legitim erscheinen. Es war ja nichts Kulturelles, und niemand wollte Deine Identität verändern, richtig. Es war ein Virus, und das ist etwas anderes. Ich verstehe Dich, aber für mich hast Du seit diesen Veränderungen keine Ausreden mehr, wenn es darum geht, wie viel Veränderung man einer Gesellschaft tatsächlich in kurzer Zeit zumuten kann, wenn es von der Mehrheit – und vor allem der Regierung – mitgetragen wird. Wir können uns umstellen, wenn wir wollen und die Notwendigkeit dahinter verstehen. Vielleicht sollten wir beide einfach noch mehr miteinander reden, damit Du auch andere Notwendigkeiten verstehst. In der Migrationsarbeit geht es ja eigentlich viel mehr darum, eine gewisse »Andersartigkeit« zu akzeptieren und Vielfalt als Normalität anzuerkennen. Du hast mir große Hoffnungen gemacht, dass Du das kannst und dass wir nicht noch unzählige Generationen abwarten müssen, um migrationsgesellschaftliche Unterschiede als Normalität anzuerkennen und somit erkennen, wie wichtig das ist. Hätte mir damals irgendjemand gesagt, dass Politiker sich mit Ghetto-Faust begrüßen würden, hätte ich es für einen schlechten Witz gehalten. Na ja, so schlecht ist der Witz eigentlich nicht wirklich, aber es war eine befremdliche Vorstellung. Jetzt erscheint es mir fremd, wenn sich Politiker wieder mit Handschlag begrüßen. Alles etwas verwirrend, aber ich habe den Vorteil, dass ich seit meiner Geburt zwischen zwei Welten lebe und gegensätzliche Verhaltensregeln meinen Alltag bestimmen. Das sind die Vorteile, die man hat, wenn man zwischen zwei Kulturen aufwächst.

Natürlich fühlt man sich irgendwie hin- und hergerissen und nie wirklich zugehörig, aber irgendwie gehört das dazu. Es ist Teil unserer Normalität. Ich finde es beispielsweise bemerkenswert, wie Du auf gewisse religiöse Gewohnheiten von mir reagierst. Dein chronischer Ramadan-Überraschungszustand ist bemerkenswert, deshalb kann ich ihn nicht oft genug erwähnen. Du musst Dir vorstellen, dass ich etwa mit 13 Jahren meine ersten Versuche in Sachen Ramadan wagte. Seit vielen Jahren praktiziere ich es also, während des Monats Ramadan zu fasten. Jedes Jahr muss ich mich denselben Fragen stellen: »Echt, Du fastest?? Ist das nicht anstrengend? Darfst Du dann die ganze Zeit keine Süßigkeiten und keinen Alkohol zu Dir nehmen? Wie, gar nichts?? Den ganzen Monat nichts?? Das kann aber nicht gesund sein!!« Vielleicht scheint es Dir übertrieben, aber glaub mir: Es ist genau so, wie ich schreibe! Deine Fragen machen mir aber wirklich nichts aus, so bist Du halt, manchmal etwas beratungsresistent und manchmal etwas lernverzögert. Für mich ist es auch nicht immer einfach, zwischen Bockwurst und Couscous aufzuwachsen. Auch ich habe ab und zu Kulturschocks. Ich erschrecke mich zum Beispiel vor mir selbst. Als Kind waren die Unterschiede durch die Lebensweise meiner Eltern natürlich noch viel deutlicher. Ich höre unheimlich gerne Hip-Hop, Soul und Ähnliches, und schon als Kind war ich musikbegeistert. Ich nutzte also oft die Zeit, in der ich unser kleines Kinderzimmer, das wir sonst mit fünf Geschwistern teilten, für mich allein hatte dafür, meine Lieblingslieder zu hören und diese dann auswendig zu lernen. Dass das von mir Gesagte nie dem wirklich vom Musiker Gesprochenen entsprach, hatte ich ja bereits geschildert, aber es reichte, um es laut mitzusingen, und nur darum ging es. Nach einer gewissen Dauer fühlte ich mich dann wirklich sauwohl und vor allem unglaublich cool. Ich hatte die Texte, die ich nicht verstand, auf jeden Fall verinnerlicht, und ich wusste, das, was der Sänger von sich gab, war definitiv mega cool. Am Abend, wenn mein Vater die Wohnung betrat, suchte natürlich auch er seinen Ausgleich, und meistens bevorzugte er, wenn wir uns alle gemeinsam im Wohnzimmer versammelten. Manchmal waren wir auch einfach anwesend, weil es keinen anderen Rückzugs- oder Fluchtort gab. Mein Vater liebte ebenfalls Musik, aber eine etwas andere. Er sah sich somit unheimlich gerne diese Musikvideos an, in denen auf Tamazight in einer Tonlage gesungen wurde, von der ich nicht einmal wusste, dass sie existierte. Es war nicht nur die Tonlage, sondern vor allem auch so eine Vibration in der Stimme der Sängerinnen, die dem Lied einen Gruselkick vom Feinsten verschaffte. Es klang nach einem singenden Schaf, das kurz vorm Suizid stand. Ich habe bis heute keine Ahnung, was sie sangen, aber es konnte definitiv nichts Gutes gewesen sein. Plötzlich fühlte ich mich nicht mehr cool, sondern litt unter Schwindelattacken und Angstzuständen. Viel lieber waren mir dann doch die Filme von Freddy Krueger, auch wenn ich dafür eigentlich auch noch zu klein war.

Diese und ähnliche Momente erlebte ich immer wieder, und irgendwie bin ich da hineingewachsen, ich lerne noch heute vieles über meine zwei Welten und kreierte längst eine Welt daraus, meine Welt! Auch wenn die deutsche Sprache mir nicht schwerfällt, habe ich auch hier immer wieder neue Erkenntnisse und Lernerfolge. Es hat zum Beispiel sehr viele Jahre gedauert, um zu verstehen, dass Schattenmorelle keine Fischsorte ist. Komm schon, Deutschland, Morelle klingt nach Fisch, da darf man sich auch mal täuschen. Manchmal passiert es mir auch, dass ich Wörter aus dem Arabischen einfach ins Deutsche übernehme und der tiefen Überzeugung bin, dass diese so existieren. Ich schaffte es schon, damit Biodeutsche zu irritieren, weil ich ihnen ja sonst so eloquent erscheine. So erinnere ich mich an einen Betriebsausflug vor einigen Jahren: Ich schaffe es irgendwie nie, mein Handy aufzuladen, ständig kämpf ich um das letzte bisschen Akku. Keine Ahnung, wieso. Keine Zeit, Deutschland, einfach keine Zeit!!! Ein Ladegerät trage ich nur selten mit mir, wofür denn auch? Es kann also durchaus passieren, dass ich durch einige Büros der Stadtverwaltung laufe und nach einem Ladegerät frage. An diesem Tag hatte ich zumindest mein Ladekabel dabei, allerdings keinen Ladeadapter. LADEADAPTER heißt das Wort, das habe ich endlich gelernt. Auf Arabisch heißt es allerdings übersetzt so viel wie »Kopf«. Natürlich tat ich das, was ich immer wieder mal tat: »kopieren und einfügen« und wandte mich an meinen damaligen Kollegen mit der Frage, ob er vielleicht einen Kopf hätte. Der Kollege war irritiert und antwortete etwas verunsichert: »Wie jetzt, einen Kopf? Also ja, natürlich habe ich einen Kopf, aber das siehst Du doch Sou, oder wie ist die Frage gemeint?« Er hatte wirklich keinen blassen Schimmer, was ich meinte, verstehe ich gar nicht!

Diese Momente vergegenwärtigen mir oft, wer ich wirklich bin und was mich geprägt hat. Es ist daher okay, wenn auch ich Unterschiede zu Dir aufweise, das tue ich aber zu Marokko auch, wahrscheinlich noch viel größere. Oft machen mich diese sehr stolz, aber vor allem bereiten sie mir so einige Lachkicks. Hätte ich unter den Unterschieden, die ich in mir trage, nur gelitten, hätte ich wahrscheinlich vieles bei meinen Kindern anders gemacht und versucht, ihnen gewisse kulturelle Konflikte zu ersparen. In meiner Erziehung lege ich auch viel Wert darauf, dass meine Kinder meine Wurzeln beziehungsweise die meiner Eltern verstehen, annehmen und sie auch als Teil von sich definieren. Wenn sie von Dir aufgrund ihres äußerlichen Erscheinungsbildes ohnehin damit in Verbindung gebracht werden, sollen sie die Welt auch verstehen und vor allem die positiven Seiten verinnerlichen. Die negativen Seiten, die Menschen mit Marokko in Verbindung bringen, kriegt mein Sohn am häufigsten zu spüren, und das schon, seitdem er sehr klein ist. Zu gut erinnere ich mich daran, wie ich mit ihm im Kinderwagen spazieren fuhr. Wir gingen an einem älteren biodeutschen Ehepaar vorbei, und da hörte und sah ich, wie der Mann zu seiner Frau sagte: »Schau mal,

Elfriede, da wachsen die Terroristen« und dabei auf meinen Sohn zeigte. Das sollte meinen Sohn trotzdem nie dazu bringen, sich von den Wurzeln seiner Eltern und Großeltern zu distanzieren (versteh mich nicht falsch, Deutschland, sie waren natürlich keine Terroristen). Also habe ich bei meinem Sohn verstärkt darauf geachtet, dass er regelmäßig Marokko besucht, und dann nicht nur Marrakesch, Casablanca und Rabat, sondern vor allem das Dorf, aus dem mein Vater stammt. Vor einigen Jahren entschied ich, dass mein Sohn seine Sommerferien in Nador verbringen solle. Da mein Vater auch noch heute mit seinem Transporter die Strecke von 2.400 Kilometern nicht scheut, fuhr er mit ihm gemeinsam. Heute hat mein Vater eine Klimaanlage und eine Kühlbox, mein Sohn musste also nicht das ertragen, was wir damals ertragen mussten (hmm, lecker, warme Flirt-Getränke). Einiges konnte ich ihm ersparen, dennoch ist mir wichtig, dass er die Bescheidenheit, die wir Geschwister alle noch heute tief in unseren Herzen tragen, übernimmt.

Nach rund sechs Wochen Aufenthalt in Nador machten er und mein Vater sich wieder auf den Heimweg nach Deutschland. Mit dem Transporter in Spanien angekommen, hörten die beiden während der Autofahrt laute Rufe, die sie aber erst mal nicht zuordnen konnten. Dann wurden die Schreie allerdings lauter, und da die beiden mitten auf der Autobahn in Spanien waren, nahmen sie das Ganze ernst. Mein Vater wirkte zuerst etwas nachdenklich und konzentriert, verstand dann aber, was die Gesten bedeuten könnten. Er hielt so schnell wie möglich auf dem Standstreifen an und verließ das Fahrzeug. Das Verhalten meines Vaters nennt man interkulturelle Handlungskompetenz.

Mein Sohn wusste zuerst gar nicht, wie ihm geschieht. Er folgte seinem Opa, und da machten die beiden eine traurig-schockierende Entdeckung. Ein Junge, vielleicht 13 Jahre alt, ungefähr im Alter meines Sohnes, hatte sich unter den Transporter meines Vaters geklemmt, um über die Grenze von Marokko nach Spanien zu gelangen. Der Junge hatte sein Leben riskiert, um aus Marokko zu flüchten. Allein und so jung! Natürlich ließ das meinen Vater nicht kalt. Er brachte den Jungen in eine religiöse Einrichtung in Spanien, wo man sich seiner Sache gerne annahm. Meinen Sohn hat dieses Erlebnis sehr geprägt, denn er wusste nicht, was die Menschen in Marokko alles zu opfern bereit sind, nur um irgendeine Perspektive zu erhalten. Ich habe einige dieser Geschichten miterlebt und kenne viele Erzählungen von Menschen, die ihre Kinder im Meer verloren haben. Ich weiß, dass es unzählige Menschen in Marokko gibt, die viele Jahre darauf sparen, das Geld für einen Schlepper zusammenzukratzen, um das Land endlich verlassen zu können. Das ist ein ganz normales Ziel. Angst vor diesem Schritt haben die wenigsten, denn sie sehen es tatsächlich als ihre letzte Chance. Ich habe nicht erst aufgrund der Flüchtlingsbewegungen 2015/2016 davon gehört, dass Menschen ihr Leben auf einem Schlauchboot riskieren, sondern bin mit solchen Schicksalen groß geworden, leider. Ich hatte nur nie zuvor die Möglichkeit, mit Dir darüber zu sprechen, Deutschland, obwohl ich weiß, dass auch Dir diese Problematik schon lange vor 2015 bekannt war. Aber lass uns darüber gerne schweigen, Deutschland. Das scheint mir eine geeignete Methode zu sein. Zumindest schaffen wir nun Transparenz über unser Schweigen und tun dies einvernehmlich.

Wir haben schon so einiges gemeinsam durchgestanden, Deutschland. Meinst Du nicht? Und kaum haben wir die Corona-Krise zum Teil überstanden (vielleicht ist das aber nur wieder die Ruhe vor dem Sturm), überrollt uns der Krieg in der Ukraine. Ich fühle mich in die Zeit von 2015 zurückversetzt und erinnere mich an die Kriegsflüchtlinge aus Syrien, Afghanistan und dem Irak, und deshalb erkenne ich leider auch manche Unterschiede, die Du machst. Oder hast Du wirklich dazugelernt? Ich erkenne wieder: diese große Solidarität, vielleicht eine noch größere. Da sind sie wieder die Spendenaktionen, die Suche nach geeignetem Wohnraum, die Begleitung bei Behördengängen, die Suche nach geeigneten Schulplätzen und Kindergärten, die Begleitung zu Ärzten, die Suche nach Übersetzern und die Überlastung Deiner Stadtverwaltungen. Aber diesmal sehe ich noch viel mehr, ich sehe Fahnen der Ukraine, überall. Syrische Fahnen sah ich damals nie. Ich sehe Mitarbeiter_innen der Kommunalverwaltungen, die zu mehr Flexibilität gedrängt werden. Diese Flexibilität kenne ich nicht aus der Krise 2015. Ich führe Gespräche mit Kolleg_innen von Ausländerbehörden, die nun doch »großzügig« prüfen sollen, mit oder ohne rechtliche Voraussetzungen, weil Du es für erforderlich hältst. Du musst nun schnell reagieren und Perspektiven schaffen, da es eine Notsituation ist. Ich höre wenig von Integrationskursen und Sprachkursen, und ich spüre kaum Ängste in der Gesellschaft, denn irgendwie scheinen sie zu Dir zu gehören, die neuen Flüchtlinge, jedenfalls viel mehr als die dunklen, unzivilisierten, bärtigen, ungebildeten, muslimischen Männer, die andere Werte und Normen sowie den Islam zu Dir bringen. Bitte verstehe mich nicht falsch, Deutschland, denn ich verstehe und lobe

Deine Hilfsbereitschaft und auch Dein Engagement, dazu zählt aber nicht das Liefern von Waffen. Ich verstehe nicht, wieso das Leid des Ukrainers mehr für Dich zählt als das des Arabers. Flucht vor dem Krieg bedeutet Flucht vor dem Krieg, zumal die Flucht vieler Menschen aus Syrien und Afghanistan unter viel schwierigeren Umständen stattfand. Wieso machst Du da Unterschiede? Sie kamen nicht in Zügen, deren Fahrten Du organisiert hast, sondern mussten lange Fußwege auf sich nehmen. Die Flucht dauerte Tage, Wochen. Sie riskierten ihr Leben auf Schlauchbooten, und viele verloren es im Meer oder auf anderen Teilen ihrer gefährlichen Fluchtrouten. Du meinst, Deine hohe Solidarität hätte etwas damit zu tun, dass die Ukraine einfach angegriffen wurde, und das zu Unrecht? Da gebe ich Dir Recht, aber war es denn in anderen Kriegen nicht auch so? Ich wünsche mir nichts mehr als eine Gleichbehandlung derjenigen, die nun mal so aussehen wie ich oder mein Sohn. Haben wir uns das nicht längst verdient, wo Du doch unsere Heimat bist?

Auch deshalb mache ich mir oft Gedanken darüber, wo ich wirklich zu Hause bin. Wahrscheinlich hat es damit zu tun, dass Du mich regelmäßig – direkt oder indirekt – dazu aufforderst, mich zu Dir zu bekennen. So bin ich auch einfach dahin zurückgegangen, wo ich herkam, also nach Neuss/Düsseldorf. Was ich hier fand, war ernüchternd, denn ich musste feststellen, dass weder mein Geburtsort noch der meiner Familie etwas darüber aussagen, wo ich zu Hause bin. »Zuhause« oder »Heimat« sind keine Begriffe, die ich ausschließlich geografisch festmachen könnte. Wenn das nur so einfach wäre, wären viele Menschen nicht ständig über die Lösung der Fragestellung nach ihrer Heimat in so einem inneren Konflikt. Ich kann mich an Orten, die mir vertraut sind, für eine Zeit wohlfühlen, aber dann überkommt mich das Gefühl von Heimweh, die Sehnsucht nach einer Heimat, die ich nicht kenne. Vielleicht kenne ich sie aber auch, nur funktioniert das Konzept der Wechselseitigkeit nicht richtig, und es ist einfach zu einseitig, Deutschland. Manchmal sagt mir meine Stimme: »Marokko ist auf jeden Fall Deine Heimat«, und dann buche ich mir einen Flug, um dann nach einer Woche vor Ort festzustellen, dass Marokko definitiv nicht meine Heimat ist. Ich bin sicher, nicht die Einzige zu sein, die dieses Hin-und-her-Spiel schon seit vielen Jahren praktiziert. Manchmal habe ich den Eindruck, dass »wir« innerhalb der migrantischen Community aus Prinzip oder auch aus Trotz Dir gegenüber behaupten, dass unsere Heimat das Land sei, wo unsere Eltern herkommen oder wo wir geboren sind, um zu signalisieren, dass wir kein Teil Deiner Gesellschaft sein *wollen*. Nur: Was bleibt uns anderes übrig, Deutschland? Die wenigsten kommen in den Heimatländern der Eltern wirklich klar. Auch wenn viele noch die Muttersprache ihrer Eltern sprechen, bringt uns das meist in diesen Ländern überhaupt nicht weiter. Wie oft stottern wir uns einen ab und versetzen unsere Eltern mit unserem Marokko-Deutsch-Sprachen-Remix in die eine oder andere peinliche Situation. Nicht selten mussten sich unsere Eltern harte Kritik anhören: »Wieso sprechen die Kinder kein richtiges Marokkanisch? Das geht so nicht!! Die müssen das lernen!! Wieso bringt ihr ihnen das nicht bei? Die müssen die Sprache ihres Landes kennen! Wie sollen sie denn später hier klarkommen? Sie werden sich distanzieren!! Das ist nicht gut!!!!« Und nicht nur unsere sprachlichen Defizite riefen oft peinliche Situationen hervor, sondern auch der Mangel an kulturellem Wissen. Ich erinnere mich daran, wie meine Mutter mich zu einer Beerdigung in Marokko mitnahm. Wir waren in einem großen Raum mit vielen anderen Frauen. Als Zeichen der Trauer und als ein religiöses Ritual sprachen die Frauen eine Art Bittgebete, wie einen Sprechgesang. Also nutzte ich die Gelegenheit, um für einen kurzen Moment einen Bauchtanz hinzulegen. Meine Mutter hätte darüber sehr wütend sein können, ihr war das sicher unangenehm, aber sie lachte auch nach Jahren noch sehr herzlich über diesen Moment. Ich habe gelernt, so etwas nie wieder zu tun, und dafür hat es keine Demütigung oder großen Ärger gebraucht.

Wir sind auch sonst in den »Heimatländern« völlig aufgeschmissen, mit uns wird meist umgegangen wie mit Touristen. Wir zahlen für Billigware doppelt und dreifach und sind froh, wenn uns jemand bei rechtlichen Fragen vor Ort unterstützen kann. Eigentlich bräuchten wir dort eine Art Integrationslotsen, wie die, die Du Deinen Neuzugewanderten zur Verfügung stellst. In den Integrationskursen würden wir definitiv durchfallen. Klarkommen ohne Hilfe würde ich jedenfalls nicht. Der Traum, es dennoch zu können, ist, denke ich, einfach der große Wunsch nach vollständiger Akzeptanz. Das steckt dahinter, liebes Deutschland! Der Wunsch danach, sich nicht mehr rechtfertigen zu müssen und Alltagsrassismus nicht mehr ausgesetzt zu sein. Aber das ist eine Art Flucht. Wieso habe ich eigentlich immer das Gefühl, mich entscheiden zu müssen, was ich bin? Könnte es damit zusammenhängen, dass mir regelmäßig die dämliche Frage gestellt wird, ob ich mich mehr deutsch oder mehr marokkanisch fühle und irgendwann zurückwill? Nenn mich meinetwegen ein Schnitzel-Halal, aber konfrontiere mich bitte nicht mit solchen Fragen, Deutschland.

Obwohl: Das mit dem Schnitzel-Halal nehme ich wieder zurück, denn das sind die Assimilierten, zu denen ich mich nicht zähle. Blutwurst-Halal wäre auch ein schöner Name. Deine Blutwurst-Halals können aber wirklich nichts dafür, dass es ihnen nicht gelingt, die »gesunde Mitte« zu halten. Ich möchte Dir bei dieser Gelegenheit über diese Menschen berichten, damit Du verstehst, was Identitätskonflikte alles auslösen können. Wenn man mich fragt, ob ich deutsch bin, antworte ich höchstwahrscheinlich mit »ja«. Das tue ich, weil ich die deutsche Staatsangehörigkeit besitze, hier geboren bin und auch einfach, um Dich zu ärgern. Es ist doch nicht so, als würde ich die Heimat meiner Eltern total ablehnen, ich will nur nicht darauf reduziert werden und ausgeschlossen. Du verstehst auch einfach noch zu wenig über die Heimat meiner Eltern und schreibst ihr zu viele negative Eigenschaften zu. Es gibt allerdings sehr viele Menschen mit Migrationshintergrund, die unter gelungener Integration genau dasselbe verstehen wie Du, Deutschland, nämlich Assimilation, was falsch wäre. Wie unterscheiden sie sich also? Sie möchten auf keinen Fall mit einer anderen Identität in Verbindung gebracht werden, und daher lehnen und streiten sie alles ab, was vermeintlich nicht deutsch ist, und passen sich maximal an. Sie tun mir oft leid, weil ich das als unheimlich anstrengend empfinde und weiß, dass sie dennoch regelmäßig zurückgewiesen werden – von Dir, Deutschland, zu dem sie unbedingt gehören wollen. Und das tut doch sicher noch mehr weh.

Ich möchte Dir gerne zwei Beispiele nennen: Berkan aus der Türkei und Latifah aus Marokko. Berkan ist in Deutschland geboren. Seine Eltern sind als Gastarbeiter nach Deutschland gekommen. Er ist inzwischen eingebürgert und Deutschland ist seine Heimat. Damit das auch alle glauben, lehnt er alles Türkische ab und wertet es ab. Die Türken, das sind »die anderen«, die »Fremden«. Er ist so bemüht um Dich, Deutschland! Seine Arbeitskollegen akzeptieren ihn und schätzen ihn, aber als so richtigen Originaldeutschen sehen sie ihn nicht. Leider bekam er das auch immer wieder zu spüren. Ein Erlebnis fand ich persönlich besonders krass. Seine Arbeitskolleg_innen wollten ihm zum Geburtstag eine Freude bereiten und ihn mit einer kleinen Geburtstagsfeier überraschen. Damit diese gelingt, sollte sie auch etwas Persönliches haben, und was ist wohl für einen »Türken« persönlicher als Tarkan! Tarkan, kennst Du doch, Deutschland! Den berühmten türkischen Sänger! Also, kaum betrat Berkan den Raum, erschallte aus den Boxen laute türkische Musik: »Oynama şıkıdım şıkıdım, oynama şıkıdım şıkıdım«. Das haben sie in bester Absicht gemacht. Sie wollten ihm halt etwas Heimat auf die Arbeit bringen. Berkan hat das hart getroffen. Heino (»Ja so blau, blau, blau blüht der Enzian…«) hätte ihn wirklich mehr gefreut!

Und dann gibt es da noch Latifah. Latifah ist im erwachsenen Alter nach Deutschland gekommen und beim Thema Integration der Kategorie »Leistungssport« zuzuordnen. Sie tut wirklich ALLES, um endlich dazuzugehören, es ist ihr allergrößter Wunsch. Wahrscheinlich würde sie sogar ein bisschen Schweinefleisch für Dich essen. Mit dem Heimatland ihrer Eltern hat sie nichts zu tun. Hallo? Sie weiß nicht einmal mehr, wo das liegt! Wie jetzt, Nordafrika! Afrika?? Der schwarze Kontinent, wo nur Armut herrscht? Dann erst recht nicht! Latifah hat zwei Söhne. Da ich sie schon seit vielen Jahren kenne, kenne ich natürlich auch ihren Sohn Mohammed. Er ist inzwischen erwachsen, und als er geboren wurde, war Latifah noch am Anfang ihrer Integrationsreise hier in Deutschland. Sie dachte, dass sie nicht komplett auf ihre Religion und kulturelle Zugehörigkeit verzichten müsse, um dazuzugehören. Vielleicht könnte sie ja so eine Art Kebab light sein, das wäre wunderbar. Nach vielen Jahren auf der Integrationsreise ohne Ziel und Zwischenhalt bemerkte sie aber, dass sie doch nicht ankam und etwas anders machen müsste. Sie müsste mehr von ihrer »anderen Seite« ablegen. Sich mehr von dem Heimatland ihrer Eltern distanzieren und nur oft genug sagen, dass sie Biodeutsche sei, und wenn Menschen nachhakten, tat sie einfach so, als wüsste sie überhaupt nicht, was gemeint ist.

Mit ihrem Puder wirkt sie kreidebleich, von ihrer eigentlich dunkleren Haut ist kaum etwas zu sehen, zumindest meint sie das, und ich bevorzuge es, sie in dem Glauben zu lassen, denn den rheinischen Akzent beherrscht sie fließend. Karneval ist ihr Ding, und in ihrem Freundeskreis gibt es nur Menschen, die entweder von Migration nie etwas gehört oder nichts damit zu tun haben wollen. Bei ihrem zweiten Sohn wollte sie also vieles anders machen, um sich bei der Integrationsreise nicht weiter im Kreise zu drehen. Deshalb beschloss sie, bei der Namensgebung etwas sehr Integriertes zu wählen und entschied sich für den Namen Jeffrey. Als ich die beiden eines Tages auf dem

Marktplatz traf und fragte, wie ihr süßer Sohn heißt, antwortete sie voller Selbstbewusstsein: »Jeffrey.« Ich wartete noch einen kleinen Augenblick ab, weil ich dachte, da würde noch etwas folgen. Zumindest so etwas wie: »Jeffrey-Abdulrahman-Malik-Bin Abdulkarim-Bin Mourad.« Dem war aber nicht so, sondern es war einfach nur »Jeffrey«, ohne alles.

Sie tat mir etwas leid. Ich fragte, wie sie denn auf diesen schönen Namen gekommen sei, und sie vertraute mir an, dass sie ihn wählte, damit ihr Sohn es einfacher habe als ihr Ältester und sie am Beginn ihrer Integration. Beim Namen Jeffrey könnten »die Deutschen« ihn ja auch für einen Amerikaner halten, und die Amerikaner zählen ja zu den »guten Ausländern«, meinte sie dann noch.

Das ist auf jeden Fall nicht, wo ich hinwill, Deutschland. Vor allem, weil ich nicht glaube, dass dieser Weg tatsächlich langfristig die Lösung ist. Aber es ging hier ja erst mal nicht darum, Dir zu sagen, wo ich hinwill, sondern Dir zu sagen, wo ich herkomme, denn das ist das, was Dich viel mehr interessiert. Wenn ich tatsächlich von mir persönlich spreche, dann will ich nicht abstreiten, anders zu sein. Vielleicht bin ich sogar ein Freak. Ja, das bin ich wegen der Dinge geworden, die mich geprägt haben, weniger aber des Landes wegen, aus dem meine Eltern stammen. So habe ich beispielsweise immer noch den Drang, schnell nach Hause zu laufen, wenn ich die Sirenen eines Krankenwagens höre, und manchmal habe ich auch noch Angst, wenn ich das Blaulicht der Polizei sehe. Ich erschrecke mich immer noch, wenn ich von hinten angesprochen werde oder jemand zu dicht hinter mir geht. Ich kann manchmal nicht einschlafen ohne Hintergrundgeräusche und lasse den Fernseher an, damit ich mich nicht alleine fühle, und manchmal fühle ich mich alleine, obwohl ich sehr viele Menschen um mich herum habe. Ich hasse Briefkästen und freue mich im Urlaub am meisten darüber, dass ich dort keine Post empfangen kann.

Auch nach über 23 Jahren überkommt mich an wichtigen Feiertagen eine unglaubliche Trauer, weil ich an den frühen Tod meiner Mutter denke, und ich stelle mir vor, wo ich heute wäre, wenn sie noch leben würde. Hätte ich einen anderen Weg eingeschlagen? Wäre ich ein anderer Mensch geworden? Wäre sie zufrieden über Entscheidungen, die ich getroffen habe? Ich weiß es nicht...

Manchmal fällt es mir auch schwer, mich abzugrenzen, weil ich der Meinung bin, ich müsste die ganze Welt retten, und in diesem Chaos der Überforderung fange ich dann an, mich selbst zu retten. Manchmal ist meine Zunge etwas unkontrolliert, und ich begreife erst im Nachhinein, was ich da wirklich gesagt habe, und denke mir dann: »Das hast du nicht wirklich gesagt, oder?« Meistens liebe ich das Leben, manchmal kämpfe ich ums Überleben. Meist bin ich erwachsen und treffe gute, nachhaltige Entscheidungen, manchmal aber bin ich von meinem inneren Kind beherrscht, vor allem von dem Schattenkind. Vielleicht hat mein inneres Kind auch noch keine Heimat gefunden. Manchmal habe ich eine grandiose Menschenkenntnis, und dann wiederum greife ich so tief ins Klo, dass man sich fragt, ob ich nicht doch unter Drogen gestanden habe.

Manchmal fasziniere ich durch meine Engelsgeduld, dann wiederum überkommt mich eine Ungeduld, dass ich am liebsten alles sofort haben und erreichen will. Manchmal fühle ich mich meinem Vater verbunden, und dann frage ich mich, wer er wirklich ist und ob er weiß, wer ich wirklich bin. Meist liebe ich Nähe, und manchmal ist es genau diese, die mir die Luft zum Atmen nimmt. Meistens liebe ich die Liebe und manchmal ist es genau diese, die mir die größte Angst macht. Und manchmal suche ich mein Glück leider genau an den Orten, an denen ich es verloren habe.

Ich lache über Dinge, die Du wahrscheinlich nicht wirklich witzig findest. So könnte ich mich noch heute darüber kaputtlachen, dass eine meiner besten Freundinnen, Vanessa, vor über 24 Jahren den Spiegel eines Linienbusses an den Kopf gekriegt hat. Nicht, das ich mich in irgendeiner Form über mangelnde Deutschkenntnisse lustig machen möchte, aber eine weitere Situation, über die ich mich schlapplachen kann, ist ein Gespräch zwischen einem Syrer und einer Kollegin aus der Ausländerbehörde. Leider musste sie ihm die unbefristete Aufenthaltserlaubnis versagen, da die Voraussetzungen noch nicht erfüllt waren. Anstatt das einfach zu akzeptieren, versuchte er, sie zu überreden und sagte dann: »Frau Müller, ich trage sie auf meinem Kopf.« Im Arabischen ist das ein großes Kompliment, bei der Kollegin kam es aber so gar nicht an.

Ich bin manchmal sehr verspielt, und wo wir gerade schon beim Thema sind: Spielen wir ein Spiel, Deutschland? Das macht wirklich megaviel Spaß, garantiert! Ich erkläre Dir die Spielregeln, aber Du musst Dich auch daran halten, ja? Wobei: Regel ist Dein zweiter Name, daher mache ich mir keine Sorgen. Also, das Spiel geht so: Ich nenne Dir einen Begriff aus der Verwaltungssprache und Du hast zehn Sekunden Zeit, ihn in einfaches Deutsch zu übersetzen. Keine Fremdwörter und nix, was zu kompliziert ist, klar? Konkret und verständlich? Als Orientierung nehmen wir das B1-Niveau, okay? Na, dann los:

Bescheid, ah sorry, Zeit abgelaufen.
Duldung, ah sorry, Zeit abgelaufen.
Erlaubnis, ah sorry, Zeit abgelaufen.
Erteilungsvoraussetzungen, ah sorry, Zeit abgelaufen.
Ablehnung, ah sorry, Zeit abgelaufen.
Nachweise, ah sorry, Zeit abgelaufen.
Fiktionsbescheinigung, ah sorry, Zeit abgelaufen.
Grenzübertrittsbescheinigung, ah sorry, Zeit abgelaufen.
Verwaltungsakt, ah sorry, Zeit abgelaufen.
Widerspruch, ah sorry, Zeit abgelaufen.
Bewilligung, ah sorry, Zeit abgelaufen.
Gesicherter Lebensunterhalt, ah sorry, Zeit abgelaufen.
Anhörung, ah sorry, Zeit abgelaufen.
Ausweisung, ah sorry, Zeit abgelaufen.
Regelsatz, ah sorry, Zeit abgelaufen.
Genehmigung, ah sorry, Zeit abgelaufen.
Angemessen, ah sorry, Zeit abgelaufen.
Ordnungswidrigkeit, ah sorry, Zeit abgelaufen.
Verwarnung, ah sorry, Zeit abgelaufen.
Ermahnung, ah sorry, Zeit abgelaufen.
Ermessensspielraum, ah sorry, Zeit abgelaufen.
Ausreichende Bemühungen, ah sorry, Zeit abgelaufen.
Antrag, ah sorry, Zeit abgelaufen.
Versagung, ah sorry, Zeit abgelaufen.
Wohnsitzbeschränkung, ah sorry, Zeit abgelaufen.
Gelungene Integration, ahhhhhhhhhhhhh sorry,
Zeit abgelaufen.

Gar nicht so einfach, oder? Also, ich würde sagen: Wäre es ein Test, wärst Du leider durchgefallen. Aber Übung macht den Meister, liebes Deutschland. Vielleicht kannst Du Dir jetzt vorstellen, wie schwer es für die Menschen ist, die lediglich über einfache Deutschkenntnisse verfügen, Dich zu verstehen, vor allem, wenn Du mehrere dieser klotzigen Begriffe hintereinander anwendest. Da wird einem ganz schnell schwindelig, und für Verwaltungssprache gibt es leider noch keinen Google Translator! Deine Verwaltungssprache überfordert Menschen, auch Einheimische, und für Dich ist sie dennoch Normalität. Es ist so schwer, auf sie zu antworten. Liebst Du denn lediglich Monologe?

Weil es gerade so schön war, können wir auch gerne noch das umgekehrte Spiel spielen, und zwar von einfacher Sprache, wie die, die beispielsweise mein Vater spricht, in Deine Sprache, vielleicht mit einem klitzekleinen Haken.

Also, was meint mein Vater, wenn er sagt: »Wege«? Falsch, er meint Wiege!

Was meint er, wenn er sagt: »Du«? Falsch, er meint Sie!

Was meint er, wenn er sagt: »Stern«? No, hier ist Stirn gemeint!

Was meint er, wenn er fragt: »Bo pisst du«? Nein, wieder falsch, denn er möchte nicht wissen, wo Du urinierst, sondern lediglich, wo Du bist!

Was meint er, wenn er fragt: »Kannst du die schielen?« Wieder falsch!! Er möchte doch nicht wissen, ob Du schielen kannst! Er fragt Dich, ob Du das bitte schälen kannst!

Was meint er mit: »Haus du ab du schweinehund du pisst du doch beklupt du alta sau. Hals du liber dein klappa«. Ganz falsch! Er meint: Hallo liebes Deutschland, vielen Dank für Deine Gastfreundschaft und dafür, dass Du immer für mich da warst!

So wird das nichts mit der wechselseitigen Integration, Deutschland! Vielleicht sollten wir einfach mehr miteinander spielen. Also ich wäre dabei.

Jetzt habe ich Dir noch mehr über mich verraten. Vielleicht machen mich all diese Dinge anders. Aber wahrscheinlich geht es Dir eigentlich nicht darum zu erfahren, was mich genau anders macht, sondern Du liebst es, zu pauschalisieren und glaubst, dass Äußerlichkeiten etwas darüber sagen, was Menschen »anders« macht. Es wäre falsch zu behaupten, dass es keine Gemeinsamkeiten mit den Leuten aus meiner Hood gäbe. Beispielsweise haben wir gemeinsame Ängste, die uns wahrscheinlich noch heute verbinden. Um Dir ein paar Beispiele zu nennen: die Angst vor dem Fahrkartenkontrolleur, obwohl man inzwischen ein Fahrticket hat. Angst vor Schweinefleisch, obwohl man sicherlich viele andere Dinge tut, die gegen die Religion verstoßen. Die Angst vor der Polizei, obwohl man sich nichts hat zuschulden kommen lassen. Ich kann Dir von unzähligen Situationen berichten, in denen ich mit Kolleg_innen unterwegs war und sie plötzlich erschraken, wenn sie die Polizei sahen. Meist kommt dann so was wie: »Polizei!!!!« Auch ich erschrecke mich dann im ersten Augenblick und denke erst im Nachgang: »Na und!?«

Jetzt, liebes Deutschland, weißt Du in etwa, wo ich herkomme, obwohl es noch sooooooo viel gibt, was ich Dir erzählen könnte. Ist es denn die Antwort, die Du erwartet hast? Sind wir beide uns jetzt vielleicht doch vertrauter? Bin ich für Dich jetzt doch gleichwertig?

Und Du, Deutschland? Was ist eigentlich mit Dir? Wo kommst Du denn her? Neeeein, ich meine ursprünglich! Wo liegen denn Deine Wurzeln? Spielten Flucht und Migration jemals eine Rolle in Deiner Geschichte? Wer weiß, vielleicht haben wir ja tatsächlich mehr gemeinsam, als es Dir auf den ersten Blick erscheint.

Dank

Ich bin überaus dankbar dafür, dass ich dieses Buch schreiben durfte, und für den Halt, den vor allem die Religion mir immer gegeben hat und auch heute noch gibt. Danke an mein größtes Vorbild: meine geliebte Mutter (möge sie in Frieden ruhen), für das was Du mir gegeben hast und dafür, dass ich so viel von Dir lernen durfte. Deine Erziehung und Perspektive auf das Leben haben enorm dazu beigetragen, dass dieses Buch entstehen konnte. Danke an meine Geschwister für unsere Erfahrungen, die ich in diesem Buch teilen durfte, vor allem danke ich meiner zweitältesten Schwester, die mich während des Schreibens begleitete und immer wieder einen guten Ratschlag parat hatte. Ein riesiges Dankeschön meinen Kindern Amira und Ouassim. Ihr seid wirklich die Coolsten. Eure Erfahrungen sind wichtiger Bestandteil dieses Buches.

Meinem Ehemann und besten Freund Said kann ich gar nicht oft genug danken. Ohne Dich und Deinen unglaublichen Halt wäre das niemals möglich gewesen. Du bist der beste Berater überhaupt und unterstützt mich immer darin, ich selbst zu bleiben und den Mut nicht zu verlieren! Danke für die unzähligen Gespräche und für Deine Geduld. Ohne Dich wäre ich wahrscheinlich längst durchgedreht.

Niemand schreibt ein Buch allein und von daher: größten Dank an das gesamte Team des Dietz-Verlages. Vor allem an Alexander Behrens. Die Zusammenarbeit war einfach nur großartig!